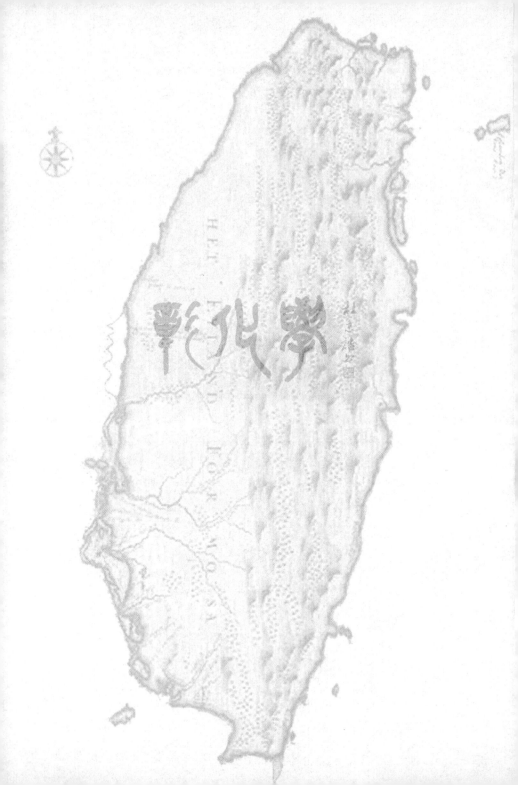

彰化學 011

好山好水
彰化自然地理

楊貴三、范舜侑 著

晨星出版

啓動彰化學

——共同完成大夢想 林明德

二十多年來，台灣主體意識逐漸抬頭，社區營造也蔚爲趨勢。各縣市鄉鎮紛紛編纂史志，大家來寫村史則方興未艾。而有志之士更是積極投入研究，於是金門學、宜蘭學、澎湖學、苗栗學、台中學、屏東學……相繼推出，騰傳一時。

大致說來，這些學術現象的形成，個人曾直接或間接參與，於其原委當有某種程度了解，也引起相當深刻的反思。

一九九六年，我從服務二十五年的輔大退休，獲聘於彰化師大國文系。教學、研究之餘，仍然繼續台灣民俗藝術的田調工作。一九九九年，個人接受彰化縣文化局的委託，進行爲期一年的飲食文化調查研究，帶領四位研究生進出二十六個鄉鎮市，訪問二百三十多個飲食點，最後繳交《彰化縣飲食文化》（三十五萬字）的成果。

當時，我曾說過：往昔，有一府二鹿三艋舺的符碼；今天，飲食文化見證半線風華。這是先民智慧結晶，也是彰化珍貴資源。

彰化一帶舊稱半線，是來自平埔族「半線社」之名。清雍正元年（1723），正式立縣；四年（1726）創建孔廟，先賢以「設學立教，以彰雅化」期許，並命名爲「彰化縣」。在地理上，彰化位於台灣中部，除東部邊緣少許山巒外，大部分屬於平原，濁水溪流過，土地肥沃，農業發達，有「台灣第一穀倉」之美譽。三百年來，彰化族群多元，人文薈萃，並且累積許多有形、無形的文化資產，其風華之多采多姿，與府城相比，恐怕毫不遜色。

二十五座古蹟群，各式各樣民居，既傳釋先民的營造智慧，也呈現了獨特的綜合藝術；戲曲彰化，多音交響，南管、北管、高甲戲、歌仔戲與布袋戲，傳唱斯土斯民的心聲與夢想；繁複的民間工

藝，精緻的傳統家俱，在在流露令人欣羨的生活美學；而人傑地靈，文風鼎盛，舊、新文學引領風騷，成果斐然；至於潛藏民間的文學，既生動又多樣，還有待進一步的挖掘與整理。這些元素是彰化的底蘊，它們共同型塑了「人文彰化」的圖像。

十二年，我親近彰化，探勘寶藏，逐漸發現其人文的豐饒多元。在因緣俱足下，透過產官學合作模式，正式推出「啟動彰化學」構想。

基本上，啟動彰化學，是項多元的整合工程，大概包括五個面相：課程設計結合理論與實際，彰化師大國文系、台文所開設的鄉土教學專題、台灣文化專題、田野調查、民間文學、彰化縣作家講座與文化列車等，是扎根也是開拓文化人口的基礎課程，此其一；為彰化學國際化作出宣示，二○○七彰化文學國際學術研討會聚集國內外學者五十多人，進行八場次二十六篇的論述，為彰化文學研究聚焦，也增加彰化學的國際能見度，此其二；彰化師大文學院立足彰化，於人文扎根、師資培育、在職進修與社會服務扮演相當重要角色，二○○七重點發展計畫以「彰化學」為主，包括：地理系〈中部地區地理環境空間分析〉、美術系〈彰化地區藝術與人文展演空間〉與國文系〈建置彰化詩學電子資料庫〉三個子題，橫向聯繫、思索交集，以整合彰化人文資源，並獲得校方的大力支持，此其三；文學院接受彰化縣文化局的委託，承辦二○○七彰化學研討會，我們將進行人力規劃，結合國內學者專家的經驗與智慧，全方位多領域的探索彰化內涵，再現人文彰化的風貌，為文化創意產業提供一個思考的空間，此其四；為了開拓彰化學，我們成立編委會，擬訂宗教、歷史、地理、生物、政治、社會、民俗、民間文學、古典文學、現代文學、傳統建築、傳統表演藝術、傳統手工藝與飲食文化……等系列，敦請學者專家撰寫，其終極目標乃在挖掘彰化人文底蘊，累積人文資源，此其五。

彰化師大扎根半線三十六年，近年來，配合政策積極轉型為綜

合大學，努力參與社區總體營造，實踐校園家園化，締造優質的人文空間，經營境教，以發揮潛移默化的效果，並且開出產官學合作的契機，推出專案，互相奧援，善盡知識分子的責任，回饋社會。在白沙山莊，師生以「立卦山福慧雙修大師彰師大，依湖畔學思並重明德化德明。」互相勉勵。

從私立輔大退休，轉進國立彰師大，我的教授生涯被視為逆向操作，於台灣教育界屬於特例；五年後，又將再次退休。個人提出一個大夢想，期望結合眾多因緣，啟動彰化學，以深耕人文彰化。為了有系統累積多元資源，精心設計多種系列，力邀學者專家分門別類、循序漸進推出彰化學叢書，預計每年十二冊，五年六十冊。並將這套叢書獻給彰化、台灣與國際社會。

基本上，叢書的出版是產官學合作的最佳典範，也毋寧是台灣學的嶄新里程碑。感謝彰化縣文化局、全興、頂新、帝寶等文教基金會與彰化師大張惠博校長的支持。專業出版社晨星的合作，在編輯、美編上，為叢書塑造風格，能新人耳目；彰化人杜忠誥教授，親自題寫「彰化學」三字，名家出手為叢書增色不少，在此一併感謝。

回想這套叢書的出版，從起心動念，因緣俱足，到逐步推出，其過程真是不可思議。「讓我們共同完成一個大夢想吧。」我除了心存感激外，只能如是說。

．林明德（1946～），台灣高雄縣人。國立政治大學中文博士。現任國立彰化師範大學國文學系教授兼副校長。投入民俗藝術研究三十年，致力挖掘族群人文，整合民俗藝術，強調民俗是一切藝術的土壤。著有《台澎金馬地區區聯調查研究》（1994）、《文學典範的反思》（1996）、《彰化縣飲食文化》（2002）、《阮註定是搬戲的命》（2003）、《台中飲食風華》（2006）。

【作者序】
由地質、水文到天然災害

楊貴三、范舜侑

　　溪以南溪以北，山以西大海東。台灣海峽伸出大肚和濁水兩條水臂，兩個掌心相對撫著八卦山脈，圈起一圈無可替代的等腰三角形，這西海岸綿延的海岸線上最亮耀的一塊三角形，像極了縣治裡那著名的大佛──台灣島上所有縣市中最深刻突出的城市圖騰。更像一顆天造地設飽滿肥厚的粽子。

　　彰化文人黃肇陽在〈海風下的如粽之縣〉中是這樣描寫我們的故鄉──彰化。短短的文字中，不僅用其筆勾勒出彰化的形狀、自然環境外，更可從其中讀出彰化濃厚的鄉土人文味。

　　「人親、土親、彰化親」，彰化這片我們生於斯、長於斯的土地，就歷史人文條件來說，早期曾聚集了漢民族、平埔族、原住民及外來的荷蘭人、西班牙人、日本人等族群，這些具有特殊文化背景的族群，來自不同生態區域，各自經歷不同的歷史過程，因此顯現出獨特多元的民俗風情與複雜的彰化風貌。

　　然而幾百年下來，物換星移，景物不再，彰化往昔的自然景象已逐漸悄然消逝，現代化的建設也逐漸融入田園景觀，產生了新的生命。由於時代遞嬗，地貌變遷，在文化的交替之間，野外的自然風光已逐漸被人所淡忘，只留下思古幽情人士的參訪與思戀，不禁讓人感嘆！

　　攤開台灣地圖就整個台灣來看，彰化縣在行政區上的位置，乃位於台灣島之中部偏西。西濱台灣海峽，東倚八卦台地，南以濁水溪與雲林縣為界，北以大肚溪與台中縣為鄰。

　　本縣的經緯度位置，極東在本縣東南端之二水鄉，位於東經一二

○度四○分;極西在本縣西南端之大城鄉,位於東經一二○度十二分,東西相差經度約二十八分;極南爲本縣二水鄉,位於北緯二十三度四十八分,極北爲本縣之伸港鄉,位於北緯二十四度十三分,南北相差緯度約三十五分。簡言之,本縣位在東經一二○度十分以東附近,與台灣其他地區同屬於中原時區,比國際標準時(格林威治標準時)快八小時;又位在北緯二十四度附近,南距經過嘉義縣水上鄉的北回歸線(北緯二十三度二十七分),約五十公里,故在氣候上屬於副熱帶或北溫帶。

本縣形狀約像一等腰三角形,根據彰化縣統計要覽,本縣九五年底土地總面積爲一○七四.四○平方公里,約占台灣地區(包括台北市、高雄市)總面積之二.九八%。雖然在台灣本島各縣中面積最小,但是平原比率卻是最大,具有得天獨厚的優勢;加之以濁水溪、大肚溪兩條大河流,不分晝夜帶來豐盈的水量和肥沃的土壤,與位處於溫和的氣候中,因此適合人們的居住與開發。

目前本縣轄有二十六個鄉鎮市(圖一),各鄉鎮市中以二林鎮土地面積九二.八五平方公里爲最大,占全縣總面積八.六四%,芳苑鄉九一.三八平方公里次之,占八.五一%,而以線西鄉之一八.○九平方公里爲最小,僅占一.六八%。

本縣交通上的位置,往北跨大肚溪,可藉由縱貫鐵路、國道一號(中山高速公路)、國道三號(第二高速公路)、縱貫公路之大度橋(台一號)、西濱(台十七、六十一號)與中彰快速道路(台七十四號),通往台中、台北、基隆等地;往南越過濁水溪,除鐵路、國道、縱貫公路外,藉由一四五縣道(西螺大橋)、一四一縣道(彰雲大橋)、台十七省道(西濱大橋)、台十九省道(自強大橋)等,亦可往雲林、台南、高雄等地;另經由其他密如蛛網的公路也可通往台灣中部各市鄉鎮、台中港及台中清泉崗機場,因此陸、海、空等交通運輸便利。

三百多年來居住在彰化這塊土地上的人們,披荊斬棘,開圳灌

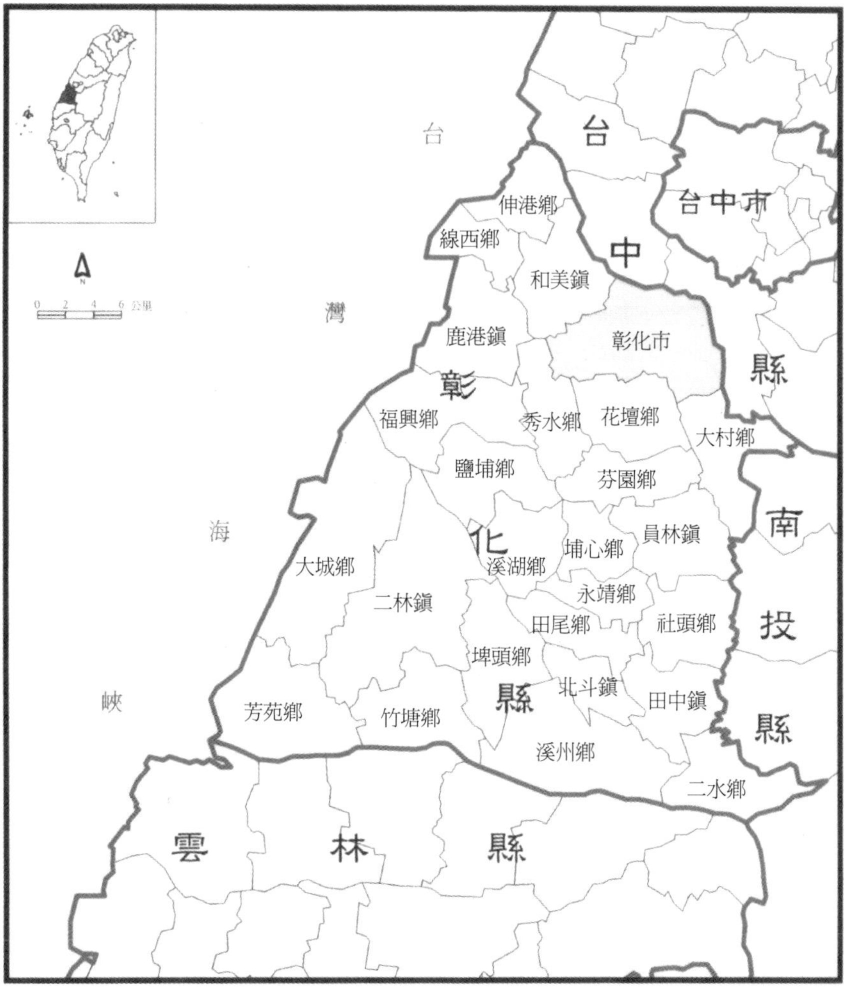

圖一 彰化縣各鄉鎮市分布圖　　　　　　　　資料來源：彰化市志

溉，發展產業，成就今日富麗祥和的家園，全賴本縣優越的自然地理環境為基礎所使然。因此本書各章節分別就本縣在地質、地形、氣候、水文、土壤、天然災害等方面的特色加以說明。

　　（一）地質：究明本縣的地層和地質構造，瞭解本縣之地層為台灣最新者，形成於新生代第四紀；本縣之地質構造

東有背斜和斷層，西有基盤高區，此爲造就本縣地
形之基礎。

（二）地形：敘明本縣地形分區的特徵和成因，瞭解本縣地形以
平原爲主，台地爲次；分爲八卦台地、彰化隆起海
岸平原、濁水溪沖積扇平原和彰化海岸四區。此爲
本縣居民生活的舞台。

（三）氣候：闡明本縣的氣候類型與特徵，瞭解本縣氣候屬於冬
乾夏熱潮濕型，以及在氣溫、雨量、日照、氣壓和
風速的特色。此爲本縣百姓安居樂業之所賴。

（四）水文：說明本縣河流和地下水資源，瞭解濁水、大肚等溪
和埤圳的本源和流量，地下水的地質資源特性、超
抽與對策。此爲本縣居民從事各種產業所必需。

（五）土壤：探明本縣土壤的生成、分類、分布與管理，瞭解本
縣土壤之生成，受氣候、生物、地形、地質和時間
之影響；有沖積土、紅壤等分類，前者分布在平
原，後者在台地；各類土壤有不同的管理措施。此
爲本縣人民從事農業所依靠。

（六）天然災害：剖明本縣曾遭遇過的天然災害，如颱風、地震、
土壤液化等，期望能對天然災害多一點瞭解。
可作爲本縣人民避災、救災、減災之借鏡。

　　本書介紹的內容涵蓋了許多科學名詞和觀念，雖然已儘量用附註
的方式加以說明，但閱讀的時候可能不是一瞬間即能明白；加以筆者
淺薄的文學修養和有限的知識、能力，編撰此書只能算是彰化自然環
境的初步介紹，還有望各界人士不吝指教。

【目錄】contents

叢書序　啓動彰化學　林明德 ……………………………002

作者序　由地質、水文到天然災害　楊貴三、范舜侑 …005

一、地質──岩層中的奧秘 ……………………………011

二、地形──孕育萬物的舞台 …………………………043

三、氣候──大氣變化的狀態 …………………………081

四、水文──生活必需的資源 …………………………105

五、土壤──農業生產之依賴 …………………………131

六、天然災害──趨吉避凶之借鏡 ……………………159

主要參考文獻 ……………………………………………169

1 地質——岩層中的奧秘

在野外觀察、研究地形時，必須先具備一些地層[1]的概念。地質學家從野外大自然的各種現象觀察中，整理出今日持續運作的各種地質作用[2]。而且，地質學家也堅信，同樣的作用是數十億年前，地球誕生之後就已經開始。

地質學家見到降雨匯聚成河，河水侵蝕河道兩岸及河床，致使地表岩石受到風化[3]及侵蝕，形成的岩石碎屑，隨著河水流入海洋。這些堆置在海底的沉積物越積越厚，深埋在底層而逐漸膠結、固化形成「沉積岩」。沉積岩深埋的結果可能永遠埋藏在地底，但是如果地溫或地壓升高到某種程度，就會發生變質作用，將沉積岩變成「變質岩」。如果地溫或地壓更見升高，那麼就可能達到岩石的熔點，形成岩漿。由於岩漿比重較輕，於是會向上運動，或噴出地表、或在地下深處凝固，形成「火成岩」。地下深處的火成岩，則和變質岩與深埋在地下的沉積岩一般，必須等待造山運動的來臨，才能靠著褶皺、斷層等運動，抬升到地表。地表岩石侵蝕剝離後，下方的岩層逐漸曝露，於是這些沉積岩、變質岩、火成岩等，才能成為今日我們所見的環境背景（王鑫，1991）。

第一節　板塊學說與台灣的大地構造

每當發生地震，常常在電視上或報章雜誌上看到有人說：這次發

1　**地層**：是指在地殼發展過程中形成的各種成層和非成層岩石的總稱。從岩性上講，地層包括各種沉積岩、火成岩和變質岩；從時代上講，地層有老有新，具有時間的概念。

2　**地質作用**：是指由於受到某種能量的作用，地表形態、內部物質組成及結構和構造等會不斷發生變化，地質學把自然界引起這種變化的各種作用稱為「地質作用」。

3　**風化作用**：是指在地表或近地表的環境下，由於氣溫、大氣、水及生物等因素作用，使地殼或岩石圈的岩石和礦物在原地遭到分解或破壞的過程。

生的地震是因爲菲律賓海板塊與歐亞大陸板塊碰撞擠壓所產生的結果。什麼是板塊？爲什麼板塊會碰撞擠壓？這跟台灣島的生成又有什麼關係？鍾令和、胡植慶、陳于高、李珀儂（2006）等學者，曾以圖文並茂的方式，對台灣島的生成與地質狀況作以下深入且生動的描述，就讓我們從板塊學說講起吧！

一、板塊學說與台灣的大地構造

地球的組成由地表向下，就組成物質而言，概分爲三大部分：地殼、地函、地核。但是就物質的強度及行爲表現而言，卻可分爲岩石圈、軟流圈、中層圈及地核。岩石圈是由冷而剛硬的岩石所構成，包括了地殼及一部份的上地函，其厚度約爲一百公里。岩石圈可再細分爲許多獨立的單元，每個單元有它自己的運動方向及速度，這每個單元即稱之爲「板塊」。

板塊運動學說是廿世紀自然科學發展上一項重大的成就。簡單而言，此學說主張板塊不但會運動，而且其運動模式遵守一定的法則：板塊的新物質在中洋脊（mid-ocean ridge）生成，然後向外擴張直到與另一板塊相遇後，較重的一方就向下衝而返回地函。因此整個運動過程即相當於一個巨大的循環運輸系統，而板塊向下衝回地函的地區即稱之爲隱沒帶。

而台灣的地理位置就在兩個板塊的交界上。東南方有菲律賓海板塊，西北方則是歐亞板塊。這兩個板塊的邊界從北方的琉球海溝劃過台灣，向南延伸到馬尼拉海溝，地震隨板塊的隱沒和碰撞作用而生，集中在琉球－台灣－呂宋地區的板塊邊界上。在台灣的東北方，菲律賓海板塊的西緣沿著琉球海溝俯衝到歐亞板塊之下，形成一道向西北傾斜的隱沒帶。在台灣南方，板塊的隱沒方向相反，歐亞板塊向東隱沒到菲律賓海板塊之下。這兩套隱沒帶的上方發展出琉球和呂宋兩個島弧系統，分別延伸入台灣，在台灣北部交會（圖二）。

由於菲律賓海板塊的比重在三・三～三・七之間，比地球深部地

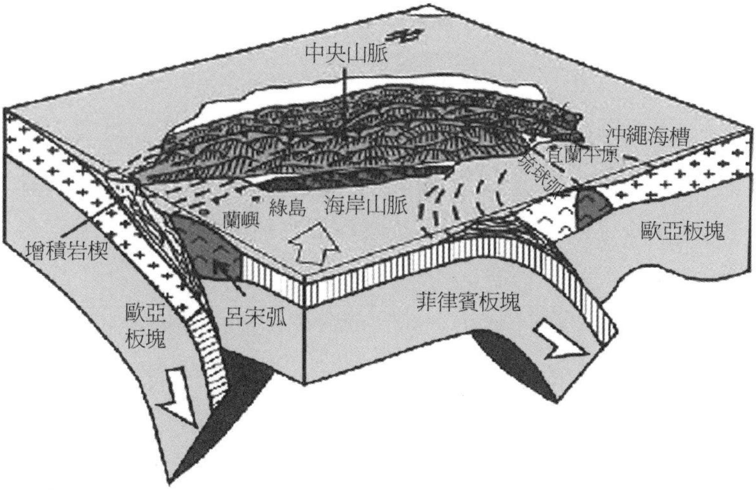

圖二　台灣板塊構造立體框架圖。台灣位於歐亞板塊和菲律賓海板塊的邊界上，是呂宋島弧和歐亞大陸碰撞所產生的山脈。在台灣東北方，菲律賓海板塊向北隱沒到琉球島弧下方；在台灣南方，則是歐亞板塊向東隱沒到呂宋島弧之下（鄧屬予，2002a）。

函的比重（三・三）高，因此，當菲律賓海板塊隱沒入地函時，就像一片鋼板沉入泥水中，沒有任何困難，所呈現的為一標準的聚合板塊隱沒系統。但歐亞板塊不同，在中國大陸和緣海地區，它的上部蓋了一層大陸地殼，比重在二・七左右，比地函輕上許多。因此，當中國大陸向東隱沒到呂宋島弧之下時，板塊上部的大陸地殼就像一片木板插進泥水裡，受到浮力的阻礙而無法深入。這時大陸地殼就會被堆疊在隱沒帶的上方，一部分被擠壓抬升成台灣的中央山脈，另一部分墊在呂宋島弧北段的下方，把島弧抬升成台灣的海岸山脈。這種山脈的形成過程，就好像呂宋島弧撞進了中國大陸邊緣，這也就是耳熟能詳的「弧陸碰撞」。

　　弧陸碰撞並非今日才有，早在五百萬年前就已開始。由於呂宋島弧大抵呈南北走向，而大陸邊緣則沿東北－西南方向延伸，因此，呂宋島弧是北端先撞上大陸邊緣，而後碰撞作用再由北向南傳遞。如今

在台灣中部和南部，呂宋島弧仍在推擠大陸邊緣；但在台灣東北部，板塊的隱沒方向已經反轉，碰撞造山運動停止，琉球島弧的火山和隱沒作用已然浮現。

　　由剖面圖的形式來說明，可以讓我們更清楚台灣大地構造的變化（圖三）。從最南邊開始（呂宋島弧地區），歐亞板塊正向東隱沒，順著下插板塊也有一條向東傾斜的地震帶，從地表延伸到二五〇公里深處（A－A' 剖面，陸板塊隱沒）。這條地震帶從呂宋島向北延伸，潛伏在綠島、蘭嶼和台灣南端之下（B－B' 剖面，陸緣隱沒）。在隱沒帶的上方，菲律賓海板塊內也有許多淺層地震，反應板塊受到擠壓而破碎，震源深度多小於四十公里。在台灣，尤其是中南部，呂宋島弧正劇烈地衝撞大陸邊緣。碰撞的橫向壓力把台灣的岩盤擠得支離破

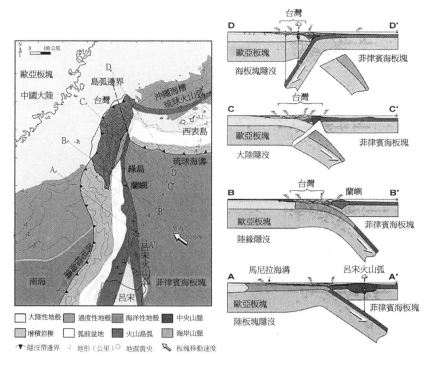

圖三　左圖：台灣周圍大地構造和地震分布圖。右圖：對應左圖中線段A－A'、B－B'、C－C' 與D－D' 之板塊剖面圖（鄧屬予，2002b）。

碎，造成密集的地震（C－C'剖面，大陸隱沒與弧陸碰撞）。在更往北的地區，板塊的隱沒方向已經反轉，碰撞造山運動停止，至於在地函深處，由於碰撞作用的阻礙，歐亞板塊似乎難以繼續向下隱沒，板塊下部甚至可能斷離（D－D'剖面，海板塊隱沒）。

第二節　台灣島的生成與地質——推土機模型

　　延續鍾令和、胡植慶、陳于高、李珀儂（2006）等學者的研究，從上述的板塊構造分析中，我們了解台灣除了東北角和最南端外，地震活動都和弧陸碰撞有關。弧陸碰撞好比推土機堆雪，海岸山脈可視為推土機，中央山脈則是雪堆，當推土機向前推進時，雪會不斷地從前方插入雪堆，墊在雪堆底部，因此雪堆的前端和底部變形得非常劇烈。相對而言，雪堆內部的變形反而不大，只是不斷地被墊高。不過在雪堆的後背和堆土機之間，則因摩擦而產生變形（圖四）。

　　台灣岩盤的變形狀況就像一個雪堆，特別集中在中央山脈的前端、後背和底部。通常，變形大的地方岩層最容易破碎，地震也最

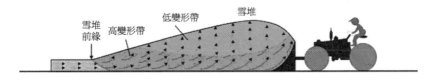

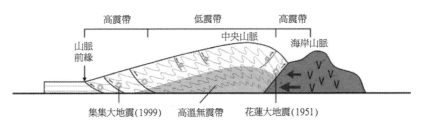

圖四　上圖：推土機模型示意圖。下圖：臺灣島造山示意圖（鄧屬予，2002a）。

多。我們從過去一百多年來的地震紀錄中可以發現，中央山脈兩側的地震的確特別多，尤其是大地震。例如，一九九九年的集集大地震發生在山脈的西前端，一九五一年的花蓮大地震出現在山脈的東後背。然而一般我們的印象，中央山脈本身似乎並沒有很多的地震，就此而言似乎不太符合推土機堆雪所做的推測。其實不然，這種差異是因為山脈受到地熱的影響，愈往深部溫度愈高，通常在地底十五公里以下的區域，溫度多已升高到攝氏三百度以上，這時岩層就像燒紅的鋼鐵一般，容易彎折，但不會斷裂。因此，山脈深部的岩層即使有強烈的變形，也不會發生地震，只有山脈表層的岩盤會稍微破裂，產生一些零星的地震。

在隱沒和碰撞作用的主導下，台灣的地震應運而生。這些作用起源於板塊運動，在過去已經進行了五百萬年，目前仍在進行。只要板塊的運動方式不變，隱沒和碰撞作用持續進行，地震就會不斷發生。

一、台灣的碰撞演化

呂宋島弧大約從一千萬年前，開始碰上中國大陸邊緣，並逐步把大陸邊緣擠壓成台灣的中央山脈，這些造山作用留下相當豐富的地質現象與證據。

早在一千萬年以前，台灣島並不存在，台灣地區是一片淺海，位於中國大陸邊緣上。當時，菲律賓海板塊遠在台灣東南方的大洋中，不斷朝北北西方向移動，一方面向北隱沒到中國大陸邊緣之下，另一方面向西仰衝到南海之上。隨著菲律賓海板塊不斷向北北西移動，呂宋島弧也逐漸地靠近大陸邊緣。島弧的北端在一千萬年前左右，開始衝上大陸邊緣，揭開了弧陸碰撞的序幕。

一千萬到五百萬年前之間，呂宋島弧逐步擠進大陸邊緣。當大陸邊緣被拖入隱沒帶時，大量的陸緣沉積物在海溝被刮起，塞進增積岩楔中，使得增積岩楔愈長愈大。

到了五百萬年前，呂宋島弧的北端衝上了大陸邊緣，並且把增積

岩楔推出了海面，形成一座小島。當時島的位置在現今琉球的西表島附近，島上並沒有高山，只有一些丘陵，不過，已經形成碰撞山脈的雛型。菲律賓海板塊在五百萬年前轉向，開始朝西北方向移動。呂宋島弧因而更加速衝上大陸邊緣，並推著碰撞山脈向西遷移。

在三百萬年前左右，碰撞山脈已上升成高山，規模和現在的中央山脈相當。隨著呂宋島弧持續地衝撞，山脈不斷地向西加寬、向南延伸，終於發展成今日的中央山脈。在碰撞的後期，呂宋島弧的北段也被擠壓抬升，貼附在中央山脈的東側，形成海岸山脈。

當碰撞運動向西南遷移時，琉球島弧下向北隱沒的菲律賓海板塊隨之西進，插入碰撞山脈北端的下方，造成隱沒作用的反轉。隨著隱沒的反轉，隱沒帶上方的山脈出現琉球島弧的火山作用，而山脈失去了碰撞的支撐則開始垮塌下沉，山脈的中央擴張成一裂谷盆地。

如今弧陸碰撞運動仍在運行，並不斷地向南傳遞。在台灣的東南外海，呂宋島弧北端的綠島和蘭嶼正朝向中國大陸挺進。在台灣的中南部，碰撞山脈仍在成長，但在台灣的東北部，隱沒作用已經反轉，碰撞運動停止，原本碰撞所抬升的山脈正在垮塌；山脈的中央分裂成宜蘭平原，並不斷地擴張。

台灣的造山運動是一系列從隱沒—弧陸碰撞到碰撞反轉的現象，到目前為止並沒有停息的跡象。假以時日，綠島和蘭嶼遲早會登陸台灣，碰撞山脈還會繼續向西遷移、向南延伸。在另一方面，台灣東北部的山脈會不斷地垮塌下陷，直到沉入海底；宜蘭平原也可能持續地張裂，最後發展成像沖繩海槽一般寬廣而深邃的海盆。

第三節　地層筆記

地層是沉積物隨著時間一層又一層地累積而成。因此，不同的地層就代表不同的形成年代和沉積環境。

在我們的身旁有許多看似平凡普通的事物，但這一磚一瓦背後，

卻往往隱含了許多動人的故事，如果我們善用這把通往過去的鑰匙（地層），打開時光隧道之門，便可以發現我們所生活的土地與環境，是從遙遠的上古年代，由力量磅礴的大自然，一點一滴的逐漸刻畫出來。

　　本縣出露的地層是台灣最年輕，也可以說最晚形成的地區，包括新生代第四紀更新世之頭嵙山層、紅土台地堆積層以及現代（全新世）沖積層。其形成年代分別為二百萬年至八十萬年、五十萬年至三萬年以及一萬年至今。各地層之岩性與分布情形，由老至新依序敘述如下（陳福將、張徽正，1995）：

一、頭嵙山層

　　頭嵙山層以台中市最高峰頭嵙山為標準露頭[4]，其堆積的時代是第四紀更新世初期，距今約八十萬至二百萬年。在本縣東部八卦台地上可發現其蹤跡。本縣出露之頭嵙山層依其岩性上的差異大致可分為

照片一

4　**露頭**：地形崩坍或工程施工裸露出來可以觀察的地區。

5　**層理構造**：是由於先後沉積下來的礦物或岩屑的顆粒大小、成分、顏色和形狀的不同而顯示的成層現象。

兩段。下段爲頭料山層香山相（照片一），出露之厚度最厚達數十公尺。上段則爲頭料山層火炎山相之礫石，出露厚度達三百公尺以上。香山相以砂、礫石及頁岩之互層爲主，愈向上礫石之含量愈多，砂礫多呈棕黃色，礫石表面圓滑，直徑在三至五公分之間，礫質主要爲石英質砂岩。砂則爲扁平狀之粗砂。底部以較緻密厚數十公分至數公尺之砂及頁岩爲主，層理[5]較發達，以五至二十度分向東西兩方向傾斜。香山相主要分布在本縣東部的八卦台地區。在彰化師大南側崖壁出露者有明顯的交錯層，指示當時的沈積環境是沖積扇或三角洲，由交錯層的傾斜方向也指示當時河流流向西方。上段爲火炎山礫石層，以礫石爲主，間夾薄層之砂及頁岩層；礫石表面圓滑，粒徑多在十至十五公分之間，最大者可至三十公分以上，礫質以石英砂岩爲主夾少量的混濁砂岩；火炎山相礫石層膠結疏鬆，層理不明顯，礫石中間常以細粒泥砂塡充，其孔隙大，透水性良好。本層主要分布在本縣東北角，上快官附近之台地。

二、紅土台地堆積層

本層爲大肚溪與濁水溪共同形成的聯合沖積扇堆積層，主要分布在八卦台地中央平坦面上，在野外的觀察可以發現，底部常有約十至四十公尺厚之砂礫，上覆數十公分至四公尺厚發育良好的紅土。紅土台地堆積層以不整合[6]覆蓋在上述頭料山層之上（照片二），淘選甚差且不具層理，以石英質礫石爲主，混雜不同比例之砂及黏土，層中偶夾有砂或粉砂。本層礫石大小不一，粒徑以十至二十公分居多，偶也可見一公尺以上之巨礫。砂礫上之紅土含有九○％以上之黏土，

6　不整合：是指岩層沉積不連續。1.交角不整合：不整合面上下的新舊地層彼此並不平行，上下地層的時代間距較長。兩者間的走向和傾斜都不相同，所以呈一個角度相交。2.假整合：不整合面上下的新舊地層大致平行，中間只有被一個侵蝕面所分割，表示在新地層沈積前，老地層並沒有發生變動。3.非整合：深成岩類在地下深處，地殼上升使深成岩類發生侵蝕作用，經過長期侵蝕，在其上有新的沉積岩的覆蓋而造成非整合。

照片二

若其厚度愈厚則顏色有愈紅之趨勢。此等紅土因膠結疏鬆，易為雨水沖蝕，移向坡腳較平坦的地方，造成紅土二次堆積。長期的侵蝕，常使平台與坡腳間坡度較陡的地區未見紅土，換言之，本區內紅土之分布受地形之控制。

　　紅土台地堆積層雖劃為同一岩層單位，但在野外卻可發現，表層紅土與底下砂礫層有截然不同之特性，礫石的原岩多為石英岩，非常堅硬，為昔日河流自雪山山脈搬來者。紅土的紅色是因為土壤受雨水長期淋溶，所剩餘的鐵，經氧化作用產生氧化鐵的結果。紅土台地堆積層堆積的時代是更新世晚期，距今約三～五十萬年。

三、沖積層

　　沖積層主要分布在本縣中西部的平原及八卦台地之坑谷，其組成以礫石、砂、黏土為主，可能夾雜一些枯枝落葉等有機物質，礫石顆

粒大小均匀性極差。由於此地層形成的時間很短（約一萬年前以來），所以並無紅土發育。

由於本層係由大肚溪與濁水溪所帶來的沖積物質，在沖積扇堆積，越靠近上游者其沙礫顆粒較大；因此，以濁水溪老河床及大肚溪南岸附近地較粗，多爲沙質壤土，而在下游處，主要由泥質或細砂所組成，鹽分含量高，地下水抽取時容易引起水質惡化，常被誤認爲是海水入侵，加上因爲地層軟弱，容易引起地層下陷。

第四節　岩層的訊息

岩石在常溫常壓下與空氣、水分或生物接觸，常會發生物理或化學性質的變化，一般可以新鮮、輕微、中度、高度、完全風化及殘餘土壤等風化程度來描述。而透過地質鑽探可以探測地底岩層，獲得岩心，進行地質環境、物理性質分析，以便研判礦產的蘊藏情況或研究地層的物理性質，同時能夠了解地下水之基本水質（電導度），甚至瞭解古代的沉積環境狀況。

一、古氣候

台灣的多位學者如王家慶（1994、1995）；劉平妹、黃奇瑜（1993）；劉平妹（1994、1995）根據本縣鑽井所獲得的岩心，觀測其中花粉出現的序列以及所代表的冷、暖期序列，推論本縣在深度二百公尺內，已經涵蓋三次主要暖期與兩次冷期，而且研究發現暖期常會伴隨海相化石的出現。

首先，在各探井的頂部約五十公尺以內，發現此處以暖溫樹種（苦櫧屬等）及蕨類孢子較多，代表當時是溫暖潮濕的氣候型態，推測其沉積年代是全新世。接著，往下一百至一百四十公尺左右，再度出現暖期爲主，間夾短冷期（櫟、鐵杉、水青岡）的組合，甚至此暖期可發現含有紅樹林（mangrove）的花粉，其沉積年代爲上次間冰期。

在較靠內陸的探井部份，可以發現此暖帶厚度較大，可能是因為較靠近內陸，沉積快速的緣故。在部份探井的底部，約一百七十公尺以下，再度顯示有暖期出現，其除了苦櫧屬之外，亦常可見松屬、赤楊、樹蕨。至於介於上述三個暖期之間則為乾、涼的冰期。

二、古海岸線

由地層中有孔蟲化石族群分析的結果，配合化石、岩性資料可將濁水溪沖積扇之鑽井岩心，區分為三個海相層與三個陸相層沉積（王家慶，1994、1995；劉平妹、黃奇瑜，1993；劉平妹，1994、1995）。海相層的沉積代表著相對海水面上升，而且經由花粉化石之研究證實，此時期氣候較為溫暖；相對而言，陸相層沉積時氣候較為乾冷，相對海水面較低，使得古濁水溪沖積扇向前推展，因此在多數地層中會留下礫石層的記錄。

在探井下約十至五十公尺左右的上部海相層，沉積年代距今約三千至九千年前，依據有孔蟲化石族群分布狀況，可推測沉積時的海岸線由國聖南下經花壇、竹塘到溪州之間。在靠近濁水溪沖積扇頂部，可能因沉積物供應量較多，受海進影響較小而使海岸線向外突出。

中部海相層約在探井下一百至一百五十公尺左右，沉積時海水深度可達四十至一百二十公尺，沉積年代經碳十四定年結果為四萬年以前，但若依據孢粉化石研究以及全球海水面變化資料，推測應距今約七萬至十四萬年前。

中部海相層頂部沉積時的海岸線推測由國聖、員林東側向西南，西經田中、柑園之間。由於在沖積扇頂部地區的部份探井深度較淺，故無法確知古海岸線之位置，但其海進規模應大於上部海相層。

下部海相層出現於各探井深度約一百七十公尺以下，惟受限於鑽井深度，並未在所有井樣中出現，且其下界亦未鑿穿，因此確實之厚度無法知曉。

下部海相層的有孔蟲化石族群與中部海相層類似，沉積年代推測為二十萬年前，當時之海岸線可能與中部海相層類似。

表一：彰化平原各岩層單位之沉積年代

岩層單位	岩相組合（沉積環境）	沉積年代（氧同位素年代）
上部陸相層	礫石質辮狀河	第一階
	砂質辮狀河	
	氾濫平原	
上部海相層	濱岸至淺海	
	沿岸沼澤	第一階早期
中部陸相層	礫石質辮狀河	第二階至第四階
	砂質辮狀河	
	氾濫平原	
中部海相層	濱岸至淺海	第五階
下部陸相層	礫石質辮狀河	第六階
	砂質辮狀河	
	氾濫平原	
下部海相層	濱岸至淺海	第七階

資料來源：修改自賴慈華（1995）

三、平原地層分布

　　根據地層中岩相分析的結果，可將本縣平原經常共存的岩相，歸併為五種岩相組合（表一），分別為礫石質辮狀河、砂質辮狀河、曲流環境、沼澤環境、濱岸至淺海環境等五種沉積體系。並可由岩相組合之分布，推測其古地理及沉積環境之演化歷史（賴慈華，1995）。

　　整體而言，沉積物之顆粒變化由東向西變細，礫石質辮狀河及砂質辮狀河沉積物之厚度亦向西變薄，為本區之主要富水層；沿岸沼澤環境及曲流環境之沉積物以泥及粉砂為主，在本縣分布相當廣泛，為本縣之主要阻水層。濱岸至淺海沉積物以細砂及泥交替出現，經常含有豐富的有孔蟲化石，其厚度則由海邊向東部漸減或尖滅，亦為本區之阻水層。在目前沿海附近之岩心，深度在二百三十公尺之內，可辨認出三次較厚的海相地層。以下分別描述各層之主要岩性及特徵：

（一）上部陸相層： 位於目前地表之下，在扇頂部份，即靠東邊的探井內，沉積物以礫石及粗、中砂為主，透水性良好，為本區之地下水補注區；在離沉積物來源區較遠的平原地區，沉積物以曲流環境下之泥層為主。

（二）上部海相層： 位於地表下約十至五十公尺左右，沉積物主要為細砂及泥互層出現，僅局部夾有粗、中砂，但連通性不佳，應屬於阻水層，在底部為沿岸沼澤環境下所沉積之泥層，分布相當廣泛，為區域性之阻水層。

（三）中部陸相層： 位於地表下約五十至一百公尺左右，厚層之礫石及粗、中砂廣泛分布於全區，為本區之主要富水層。局部地區夾有較厚之泥層，造成地下水之阻隔。

（四）中部海相層： 位於地表下約一百至一百五十公尺左右，沉積物與上部海相層相似，但分布範圍更大；主要為細砂及泥互層出現，僅局部夾有粗、中砂，但連通性不佳，亦為阻水層。

（五）下部陸相層： 位於地表下約一百五十公尺以下，礫石為主，為重要之富水層。

（六）下部海相層： 位於地表下約一百七十公尺以下，因鑽探深度的限制，僅在沿海地區少數探井內觀測，沉積物以粗、中砂夾薄層泥為主。

四、沉積年代

　　本縣平原地層深度約一百公尺內，已經可由碳十四定年法獲得較可信之年代（黃奇瑜，1994、1995；劉聰桂，1993、1994、1995）（表一）。

（一）上部海相層： 本層包括沿岸沼澤沉積及濱岸至淺海沉積兩單元。沿岸沼澤沉積單元，約分布於深度六十至五十公尺之間，定年結果約九千五百至八千五百年

前之間，沉積年代推測是氧同位素年代第二階進入第一階時期，是相對海水面快速上升時期。

濱岸至淺海沉積單元，約分布在地表至深度五十公尺之間，定年結果約於八千八百至二千五百年前之間，約為全新世以來的海侵到海退所沉積。

（二）中部陸相層：本層約分布於深度五十公尺至深度一百公尺之間，包括下部的氾濫平原及上部之辮狀河兩沉積單元。下部氾濫平原沉積單元，約分布於深度八十至七十公尺左右，定年結果約落於三萬八千至三萬五千年前，推測其沉積年代約為氧同位素年代第四階，即末次冰期中間之小暖期。

上部辮狀河沉積單元，約分布於深度七十至五十公尺左右，定年結果約落於三萬至一萬八千年前之間，推測其沉積年代為氧同位素年代第二階，即末次冰期晚期。

（三）中部海相層及以下地層：分布於深度一百公尺以下，沉積年代大於五萬年。

照片三

透過以上對本縣地層的觀察，我們可以了解過去的環境與生成背景，如果我們肯花一點心思，了解現在、探索過去，將有助於增進我們對家鄉、對環境的情感與認識。例如，如果今日我們位在一個河川的沖積環境中，當河川的水流力量較強時，可以攜帶較大顆的礫石堆積，水力較弱時，可能僅有一些小石頭或細沙土的堆積，此時我們可藉由地層中礫石排列（覆瓦構造）（照片三）的方向，來判斷古代河流的水流方向，甚至推知當時水流量的大小。下次途經大庄與赤水之一三九乙縣道，或者在八卦山文學步道附近坑谷崖壁之礫岩中，就有明顯的礫石覆瓦排列，不妨留心觀察！

第五節　地震——大地的怒吼

地球是一個無時無刻都在活躍變化的星球，而台灣島也隨著地球的變動歷經多采多姿的一生。

台灣位於歐亞大陸板塊東緣的一個島嶼，東邊是太平洋，西邊是台灣海峽，北邊是東海，南邊是南海。從全球的板塊構造環境來看，台灣正位於歐亞大陸板塊的最東緣，與東側的菲律賓海板塊相接，南側與南海板塊相鄰，處於現今地球板塊活動最劇烈、頻繁的地區——環太平洋地震帶上，因此台灣每天都有地震發生，九二一集集大地震就是近百年來最清楚的證明了。

關於地震，在科學尚未昌明的時代，各地都有古老的傳說。許多地方都認為地底下住著一隻巨大的動物或怪獸，當牠翻身或移動時，大地就開始顫抖，也就發生了地震。至於這隻地底下的怪獸是什麼模樣，則因不同的地區、民族或文化而不同。例如在台灣的傳說中，以為人是居住在地牛的背上，只要牛打盹翻身就會有地震。日本人則將頻繁的地震歸咎於地底熟睡中醒來的鯰魚，甚至在鹿島神宮內埋一「要石」，拴住鯰魚不讓牠翻身，以避免地震發生。住在印尼附近的西利伯群島人相信地底下有一隻豬，蒙古人認為地底下有一隻大青蛙，

北美印第安人則認為地底下住著一隻巨大的烏龜，甚至在十八世紀前，西方人認為地震的發生來自於「天意」，是上帝對於信奉不虔誠的基督徒與膜拜偶像的異教徒的一種嚴厲懲罰（蔡衡、陽建夫，2004）。

一、台灣的地震分布

　　長久以來，地震對人類造成了許多傷害和損失，人們對於這種自然現象的發生，一直都想要有更深入地了解。台灣地體構造極為複雜，板塊運動使山脈不斷隆起、河流改道；在多位學者努力研究下，今日我們知道台灣大致可以以花東縱谷為界，分為以西的歐亞大陸板塊和以東的菲律賓海板塊，由於這兩個板塊的相互擠壓，使台灣的地殼彎曲、隆起、斷裂、變位等運動非常顯著。

　　根據中央氣象局的地震分布資料顯示，臺灣東部從蘭嶼以北經台東、花蓮迄宜蘭，包括陸上及近海地區淺源地震非常頻繁，其中以花蓮至宜蘭段尤為活躍。在臺灣本島則以雪山山脈、阿里山山脈、西部的嘉南平原及中苗地區較為活躍。震源深度較深之地震多數發生在臺灣東北部的陸上及海域，有些則發生在臺灣東南海域。

　　臺灣地區處於環太平洋地震帶上，葉義雄（2000）進一步整理，將台灣地區劃分成三個地震帶，即東北部地震帶、東部地震帶及西部地震帶。

（一）東北部地震帶

　　此地震帶包括北緯二十四度以北，東經一二一‧五度以東的地區。這個地震帶的震源依其深度可分為二類，一類是接近地面二十公里以內的淺源地震，另一類則構成由北緯二十四度逐漸向北傾斜加深的班氏地震帶，其深度可達三百公里。這些地震應是由於菲律賓海板塊向北隱沒於臺灣東北部及琉球群島地下所引起的。

（二）東部地震帶

此地震帶包括北緯二十四度以南，花東縱谷東側及台東至鵝鑾鼻海岸以東的地區。此帶地震深度大都在五十公里以內，它們可能是由於菲律賓海板塊不停向西北方向移動，因被臺灣島所阻擋而使其西部邊緣地帶受到激烈應力作用所引起的。此帶之臺灣東南海域地區，有深度約達一百八十公里之地震發生，這些地震的成因，由於資料不是十分充足，尚無法具體地推斷。初步的看法，它們有可能是歐亞大陸板塊向東隱沒到菲律賓海板塊下所引起的。

（三）西部地震帶

此地震帶包括東經一二一‧五度以及花東縱谷以西的台灣本島及其西南附近的海域地區。本帶地震深度於北緯二十三度以北地區都在三十五公里以內的地殼中，其中二十公里以內的占多數。因為都是淺源地震，過去曾有多次大地震致使斷層露出地表。這地區之地震，一般相信是因為地殼受到菲律賓海板塊不停擠壓的效應。在本地震帶緯度二十三度以南，有些地震深度大於三十五公里，可能是與上述所提到之歐亞大陸板塊向東隱沒到菲律賓海板塊下之作用有關，尚須進一步證實。

綜合以上，我們發現臺灣三個地震帶都有淺源地震。從防震的觀點，淺源地震是最值得注意的，因為它對地表的破壞比較集中與嚴重。

二、如何利用地形特徵尋找活動斷層的位置

事實上，過去已有許多學者針對活動斷層地形、構造和地球物理特徵，進行相關研究，也累積了不錯的成果。而良好的地形判釋將得以作為大規模活動斷層普查的先期工作，作為槽溝開挖、地球物理等研究選址、選線的參考（楊貴三，2005）。

活動斷層與構造的地形判釋，向來可利用遙測、地震波、地球物理、考古學和歷史資料等方式來比對，然而利用立體鏡判釋航空照

片，辨認地表形態特徵，是最為經濟、簡便的作法，並且可以進行大範圍的觀察，若配合野外的調查，以確認活動構造的位置與露頭，將可提升此法的精確性。雖人為的干擾與破壞，是造成此法在辨識地形特徵上最大的困難與限制，但此法的解析度可達一公尺（楊貴三，2005），仍是相當值得參考的研究方法。

（一）活動斷層的定義

活動斷層（active fault）是活動構造（active tectonics）的一種，泛指在近期地質時代有重複活動且未來有潛力再活動的構造；而伴隨著活動斷層出現的構造，還包括活動褶皺（active fold）和傾動地形面（tilted surface）等。Keller 和Pinter（2002）曾參考相關地質研究成果，將全新世（Holocene）以來（小於一萬年）活動過的斷層定義為活動斷層，而在第四紀時期（the Quaternary）內發生活動的斷層（小於一百六十五萬年），稱為潛在活動斷層（potentially active fault），然若在第四紀中無活動者，則可視為非活動斷層（inactive fault）。

事實上，對於活動斷層的定義並無一定看法，隨各國環境的不同，而有相異的考量，如日本活動斷層研究會（1980，1992）則認定在第四紀中有過反覆活動，並推定將來也可能活動者稱為活動斷層；而在台灣則是由經濟部中央地質調查所將活動斷層區分為幾種（張徽正等，1998）：

1. 第一類活動斷層（全新世活動斷層）：須符合下列任何一項者。
   (1)全新世以來曾經發生錯移之斷層。
   (2)錯移（或潛移）現代結構物之斷層。
   (3)與地震相伴生之斷層（地震斷層）。
   (4)錯移現代沖積層之斷層。
   (5)地形監測證實具有潛移活動性之斷層。
2. 第二類活動斷層（更新世晚期活動斷層）：未符合第一類活動斷

層之分類準則，但符合下列任一項者。

(1)過去十萬年以來曾經發生錯移之斷層。

(2)錯移階地堆積物或台地堆積層之斷層。

3. 存疑性活動斷層：對於一些資料尚未充足而無法歸類之活動斷層，則暫定為存疑性活動斷層。

(1) 將第四紀地層錯移之斷層。

(2) 將紅土緩起伏面錯移之斷層。

(3) 具活動斷層地形特徵，但缺乏地質資料佐證者。

(4) 對於部分學者提出其為活動斷層，但編圖時仍無法依文獻資料加以明確歸類為前述二者。

（二）活動斷層與變位地形

　　地形特徵往往是由內營力和外營力共同作用而形成，例如河階是由地體抬升後受河川下切而形成。然活動斷層與構造會造成地面斷裂、錯移（offset）或撓曲等現象，常在第四紀地形面，留下異於常態的地形特徵，例如完整且較為平坦的階面會產生隆起、破裂的現象，藉由航空照片立體像對判釋這些異常地形（anomalous landforms，或稱變位地形displaced landforms）可用以推斷活動構造的位置、性質和活動度，如圖五所示的縱移和橫移斷層所形成的地形。

　　對活動斷層的研究而言，由於活動斷層的活動常在第四紀地形面留下斷層或構造地形，所以從這些地形的特徵可以判定活動斷層的位置和特性；而這些地形面往往乃是由河流作用所形成的階地，因此針對河階面的研究，將有助於新期構造運動的探討；Keller 和 Pinter（2002）曾指出河階因構造活動所產生的變形作用有三種基本形態，而每一種形態都會隨著階地的年代和高度增加，而增加其變形量（圖六）：

1. 斷層斷錯（surface faulting）：斷層直接錯斷河階，因斷層截切不同時期的地形面，故可推論斷層形成年代和累積的抬升量。

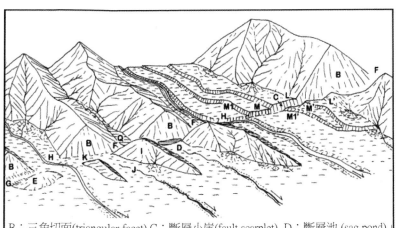

河階崖

A：撓曲面
B：三角切面
C：斷層崖

(a)

B：三角切面(triangular facet) C：斷層小崖(fault scarplet) D：斷層池 (sag pond)
E：構造隆起(tectonic bulgel) F：斷層鞍部(fault saddle)　G：地塹 (graben)
H：斷錯河(offset stream)　 I：閉塞丘(shtter ridge)　 K：風口 (wind gap)
J：斷頭河(beheaded stream) Q：堰塞湖(fault pood)
M-M'：斷錯河階(offset of terrace) L-L'：錯斷山麓線(offset of piedmomt line)

(b)

圖五　變位地形示意圖；(a)縱移斷層在階地或山腳所形成的撓曲崖、斷層崖和三
角切面等地形特徵。(b)橫移斷層切穿數個階地和河谷，所形成的地形特徵，包
含斷錯河、斷頭河、錯斷河階、閉塞丘、堰塞池、風口、地塹和斷錯山麓線等。

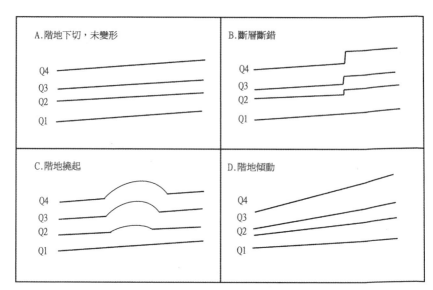

圖六 河階受構造活動而變形的4種類型；(a)河階抬升但階面沒有變形；(b)河階表面受到斷層斷錯；(c)河階面撓曲；(d)河階面傾動。越老的階面變形程度越大。

2. 階地撓曲（warping of terraces）：在河階面造成撓曲，可推論褶曲型態，或盲斷層位置，以及構造的來源方向。

3. 階地傾動（tilting）：可反映緩慢的構造傾動，與古流路在不同時期的流向。

　　所以階地等地形面的對比，亦是判斷活動斷層和構造的一個重要參考依據，經由對比出相同的地形面，若具有下游部較上游隆起的異常現象，則可能有縱移斷層之存在，或者有斷錯河、斷錯山腳等地形，則可能有橫移斷層。此外，活動斷層具有累積的特性，較老地形面的變位量會大於較新的地形面。

　　但是傳統地形學上的階地對比，通常都僅利用階地的比高、階地傾動的方向、以及階面表土的顏色等進行對比，然後將階地區分為紅土緩起伏面（LH）、紅土階地（LT）、沖積階地（FT）和現代沖積平原（FP）等，但是各地的區域構造活動量不一，且表土顏色容易受到人為干擾或是其他自然有機物的添加而改變，難以區分出是否有明顯

好山好水——彰化自然地理 · 032 ·

的紅化程度。因此最佳的方式，乃是佐以碳十四等絕對定年資料，方能較有效地釐清階面之間的關係，但是可以提供作碳十四定年的材料，在台灣高溫高濕的環境中容易被風化分解，不容易在野外中獲得。近年，部分研究者透過階地土壤化育作爲一相對定年的工具，用來輔助階地的對比，提供一個可行的研究面向（黃文樹等，2006）；事實上，透過良好的採樣亦可以輔助解決部分階面劃分上的爭議。

（三）研究方法與流程

判斷活動斷層地形最簡便的方式乃是透過航空照片判釋的方法，受過良好訓練的研究人員，其所判釋的精度可達一公尺；茲就研究流程簡要依序分述如下（楊貴三，2005；楊貴三等，2007）。

1. 航照判釋

利用立體鏡判讀研究區之航照（比例尺約爲一：一七○○○），首先找出「線形」，如直線谷、線狀崖或其他介於不同地形之地形界線。爲了確定線形乃始源於活動斷層，有必要確認其變位是在延續的地形面或地形線且沿此線形。以這些關鍵的地形面或地形線作爲地形基準，可分爲兩種類型：(1)基準面，包括不同起源的階面、沖積扇面、低起伏侵蝕面和火山斜坡；(2)基準線，包括海岸線、階崖、水系線和山脊。

藉由測量這些基準面或線的變位量，可獲得平移和縱移的活動特徵；在航照中，活動斷層造成具此特性的變位地形，如前述各類的地形特徵，將是辨識活動斷層沿線地形的關鍵。

此外，要證實線形通過這些相似地形是否屬於同一時期或同一作用所形成，通常要判斷活動斷層的確實度，而這些確實度端賴於通過線形的地形基準是否可靠而定；不過，即使有些活動斷層尚未被確認，此仍是相當有效的方式，因爲可進一步將此地形特徵列爲存疑活動斷層，並繪製於地圖上，供作日後進一步研究之參考依據。

若判釋出可能有活動斷層存在的地形特徵和相關的地形面，則視需要將航照判釋所得結果轉繪至一：二五〇〇〇經建版地形圖或一：五〇〇〇的像片基本圖，以製作活動斷層與地形面分布草圖。由於本島土地利用強度大，平原與低丘區地形常遭改變，因此將盡量採用較早期拍攝的航照進行判讀。

2. 野外查核

根據航照判讀結果，選擇重點地區考察。由於研究區域廣大，鍵層（key beds）證據的尋找不易達成，所以將根據其地形鍵面（key surfaces）來判定活動構造的存在與否。

3. 地形計測

在估算變位量時，現場實測固然可以獲得最理想的數值，但是工作量已相當龐大時，可採用各式圖資進行地形計測。確實度 I 的活動構造中有代表性者盡可能以五×五公尺的 DTM 量測並繪製剖面圖，確實度 II 的活動構造則根據一：五〇〇〇像片基本圖或四〇×四〇公尺 DTM 進行測量。至於平均變位量和平均變位速率等，必須有定年資料才可能計算。

4. 資料分析

根據所條列的地形判釋準則，分析活動斷層與地形面特徵及兩者之關係，劃分其確實度為三級。

（四）活動斷層確實度

由於參酌各地形面的基準所辨識出來的變位地形，有時難以區分其是否受到相同的作用或是在同時期中形成，因此針對這些變位地形所指示的活動斷層或構造，便有必要劃分其確實度，待日後進一步研究獲得更明確的證據來加以確認。目前在台灣的相關活動斷層地形研究學者，多參考日本活動斷層研究會（1980、1992）的分級，並根據以往的研究經驗加以修正，將活動斷層的確實度分為如下三級（楊貴三，2005；楊貴三等，2007）：

1. 確實度 I 級：有決定性的證據來確定斷層或線形在第四紀中活動，並具有下列一種清楚之地形變位及斷層之位置者：

   (1) 同一地形面有反斜崖。

   (2) 數個不同地形面爲一崖所截切且具漸進的變形，即越老的地形面其變位量越大，具有累積性。

   (3) 一個延續且相同之地形面爲一崖所截切。

   (4) 在谷口（扇頂）與流路方向直交之崖。

   (5) 至少五條山脊和河谷呈現有系統之水平斷錯。

   (6) 錯斷第四紀地層之斷層露頭。

2. 確實度 II 級：可推得斷層之變位性質及位置，但證據不如 I 者：

   (1) 疑爲斷層或線形崖兩側之地形基準不同，如山麓線或不同地形面的界線。

   (2) 地形面撓曲、傾動或背斜狀隆起，且具線形者。

   (3) 有確實度 I 級的證據，但疑其受到自然或人文因素影響所致，使其線形性質或位置較爲不明顯者。

3. 確實度 III 級：活動斷層作用有關之線形之變位性質不明，或者沿斷層因河蝕或海蝕或差異侵蝕而成：

   (1) 鞍部、河谷及小丘排列呈線形，但無明顯之地形基準者。

   (2) 疑其受到自然或人文因素影響，使得線形的性質及位置僅略具跡象者。

確實度 I 級的活動斷層經嚴謹地確認，其可能性高達90% 以上。確實度 II 和 III 級之間的界定不是很分明，但前者（可能性約50%以上）較後者有可能活動。確實度 II、III 兩級經過詳細研究後，可能升級爲 I 級或降爲 III 級或非活動斷層。

近期活動過的變位地形比早期活動者明顯，此因較早期活動者常受風化侵蝕或人爲活動干擾，或是其他自然或人爲作用也可能形成線形，所以進行研究時不但要了解外營力作用所造成的一般地形特徵，還要掌握所研究地區的地形演育特色，才能將誤判情形降到最低。

了解斷層構造特性與活動週期，有助於進一步的地震災害的預測與防治；其中，透過航照判釋活動斷層與構造，是一相當經濟、簡便的作法，且可以進行大範圍的觀察，若配合野外的調查，將能精準地確認活動構造的位置。至於本縣哪些地方可能會發生地震？這個問題，我們應該很想瞭解吧！

三、八卦台地的地質構造：

八卦台地位於大肚溪與濁水溪之間，南北長約三十二公里，東西寬約四～七公里，整個台地，從南端最高的橫山（443公尺）向北逐漸遞減，呈一縱向之瘦長狀，恰似一個巨大的瓠瓜。縱走在彰化縣與南投縣的交界附近。八卦台地不僅僅是一堆紅土與礫石的結合，山脈中遺留的古河道群，正向人們述說：更新世中期以來，發生在台灣之新構造運動的點點滴滴。

在地殼彎曲（褶曲）隆起的部份，容易形成背斜（一個褶曲結構的兩翼，其坡向相反者）。八卦台地是一個西陡東緩的不對稱背斜，傾斜角度在五度至二十度之間。

地殼彎曲太甚，就易發生斷裂變位，產生斷層，斷層的活動是地震的主要原因。本縣的斷層多分布在八卦台地，係發生於第四紀（約二百萬年前以來），屬於活動斷層，未來在原地重覆活動，產生地震的機會很大，但因目前科學的研究尚無法準確預測地震，故民眾不必恐慌（圖七）。

（一）八卦山背斜

八卦台地因菲律賓海板塊對歐亞大陸板塊的擠壓，前方受北港基盤高區之阻，形成一背斜構造，其背斜軸與台地走向一致，呈北北西－南南東方向，延伸經台地中央高區，而其兩翼分別傾向東方與西方，傾角在五度至二十度之間。八卦山背斜軸之北段經過本縣轆山坑至銀行山（照片四、五）一線。

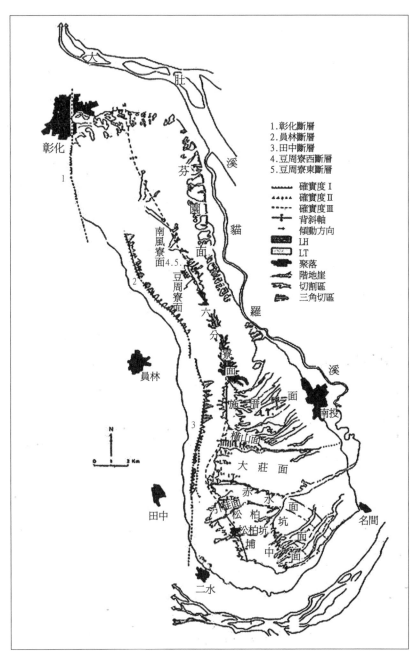

1. 彰化斷層
2. 員林斷層
3. 田中斷層
4. 豆周寮西斷層
5. 豆周寮東斷層

$\overline{\wedge\wedge\wedge\wedge}$ 確實度 I
$\blacktriangle\blacktriangle\blacktriangle$ 確實度 II
$-\!\!\cdot\!\!-\!\!\cdot\!\!-$ 確實度 III
$\dashv\!\!\vdash$ 背斜軸
$\longrightarrow$ 傾動方向
LH
LT
聚落
階地崖
切割區
三角切區

大肚溪

彰化

芬園面

1

貓羅溪

南風寮面

4.5.

豆周寮面

2

六分寮面

員林

坪面

3

施厝坪

南投

橫山面

N

0 1 3 Km

大莊面

赤水面

田中

碓面
松柏面
松柏坑
坑中面
埔面
名間

二水

圖七 八卦台地活動斷層分布與主要地形面的關係。
（石再添、楊貴三，1985）

照片四

照片五

照片六

（二）彰化斷層：

　　石再添、楊貴三（1985）依航照判讀與野外實察辨認出八卦台地西緣的斷層可分爲三段，北段稱爲彰化斷層；中段稱爲員林斷層；南段稱爲田中斷層。彰化斷層由彰化至花壇東方的橋仔頭，長五・八公里，走向南北，有直線狀斷層崖，崖高二十至五十公尺（照片六），在待人坑沖積扇有斷層小崖，舊扇面的崖高爲六公尺，新扇面的崖高爲三公尺，顯示斷層活動具有累積性，目前因社區房屋的建設而破壞了斷層小崖地形。

　　根據台灣各三角點在六十六年間（1914至1979年）的新舊高程差計算的結果，在彰化斷層以西地區每年下降五公釐左右，以東地區則每年上升約五公釐，前者可能係由超抽地下水所引起的地盤下陷，後者與彰化斷層以東的地殼隆起有關（陳惠芬，1984）。

———————————————————————————

7　三角切面（triangular facet）：當斷層崖被河谷切過，所殘留的部分，或
　　山腳爲平移斷層所截切，而形成三角形的切面，稱爲三角切面，有些三角
　　切面也可能因山腳被河蝕或海蝕而造成，因此需要其他證據加以確定。

（三）員林斷層：

　　由三家春至員林東方的百菓山，長八‧二公里，走向西北，有二十多個三角切面[7]，可以對應其下的聯合沖積扇，在埤仔頭東方七百公尺處部分三角切面已遭磚廠的採土挖除。

（四）田中斷層：

　　由百菓山東南東方的出水至田中東方的東源里，長十‧八公里，走向北北東，有二十多個完整的三角切面，可對應其下的聯合沖積扇（照片七），此斷層在東源里以南隱沒入平原之中，地形變位特徵漸不明顯。

（五）豆周寮西斷層與東斷層：

　　在豆周寮西方有兩段斷層，即豆周寮西斷層和豆周寮東斷層，長度均為○‧八公里，走向北北西，西斷層有直線狀反斜斷層小崖（照片八），崖緣的礫石覆瓦方向為S 五○°W，和崖之延伸方向直交，表示此崖非河流侵蝕所造成，而為構造變動所成；東斷層的崖線較為

照片七

照片八

彎曲，此兩段斷層夾著小地塹，此地塹已被侵蝕成和八卦台地西坡諸順向河流向（北北西）斜交的直線谷。此兩段斷層位在八卦山背斜軸部附近，可能為沿背斜軸部張裂所形成者。

四、彰化平原之地質構造：

在員林和嘉義間的海岸平原上，政府相關部門及學者有很多鑽井研究，可以對彰化平原的地質構造得到足夠的資料，藉由這些資料的彙整，我們可以窺探出此區先中新世（距今二千四百萬年以前）基盤岩層的外貌。

首先，根據Tang（1977）製成構造等高線圖（圖八），我們可以察覺其中心乃靠近海岸的北港基盤高區。由此中心向東北方的彰化地區，其構造等高線逐漸降低，因此本縣部分由負二千五百公尺降至負五千公尺。

另外，李長之、丁信修（1996）綜合地下井資料與磁性基盤等值線，發現本區有一個古新統（距今六千萬年前）高區，由中至酸性火成岩所組成，命名為「雲彰古陸」，此一古陸塊位在田中與王功之間，向西南延伸至雲林縣西北部。

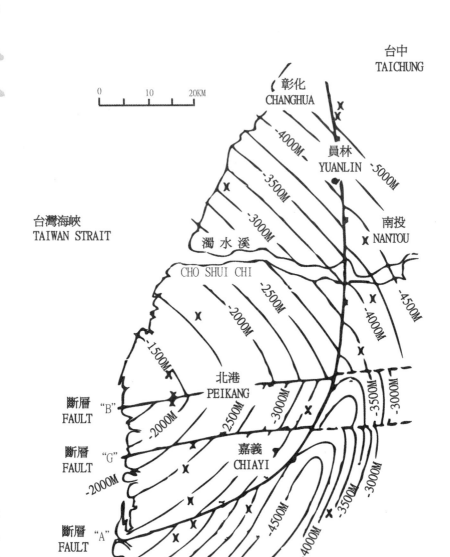

圖八　嘉義至員林沿海平原下先中新世基盤頂部之構造等高線圖。

2 地形——孕育萬物的舞台

　　大自然的作用，亙古以來便是如此。地殼造山運動的內營力作用一直持續進行著，而地表的風化、侵蝕與搬運作用，也未嘗一刻停歇。

　　台灣是一個寶島，何其有幸的擁有許多特殊與珍貴的地景、多樣的地形特色。從飛機上看，台灣好似一顆番薯，南北長、東西窄。從最南邊的鵝鑾鼻到最北邊的富貴角長約三九〇公里，從最西邊的濁水溪口到最東邊的秀姑巒溪口寬約一四〇公里。山地、丘陵占總面積的三分之二，平原占三分之一。有五條巨龍之美譽的中央山脈、雪山山脈、玉山山脈、阿里山山脈和海岸山脈等五大山脈，蜿蜒起伏，自東北至西南平行伏臥在台灣島上。然而由於地表的侵蝕與旺盛的搬運、堆積作用，使得台灣的地表地形景觀一直呈現動態的變化。

第一節　台灣島的地形

　　構成台灣地形的骨幹是位置偏東的中央山脈，為全島主要分水嶺。山岳高峻雄偉，氣勢磅礴。海拔高度在三千公尺以上的山峰總計有二二〇座。它們攔截豐富的水汽，產生充沛的降雨，帶來繁茂的植被，把一個在平原上需要南北縱跨數千公里才能看到的各類動植物生態群落，一下子濃縮在高程只有四千公尺的幅度內。由此可見，台灣的自然景觀密集度是很高的。

　　台灣最高峰是玉山，主峰海拔高度三九五二公尺，為濁水溪與高屏溪之分水嶺，也是東亞的第一高峰，冬季山頂覆蓋著冰雪，晶瑩如玉，山下雲濤滾滾，遠眺太平洋水天相連，形勢十分壯觀。

　　台灣島的西部地形為平原，主要是由各河下游之泥沙堆積形成的沖積平原與三角洲平原。主要有新竹沖積平原、彰化隆起海岸平原、濁水溪沖積扇平原、嘉南平原、屏東平原、花東縱谷平原和宜蘭扇狀

三角洲平原等，是台灣主要農業區。

　　山地與平原間爲丘陵、台地地區，高度約在一百公尺到一千公尺左右，主要丘陵有飛鳳山丘陵、竹東丘陵、斗六丘陵、嘉義丘陵、新化丘陵、恆春丘陵等。高度與丘陵相當，但頂部平坦的台地，由北而南依序有林口台地、桃園台地群、后里台地、大肚台地、八卦台地、恆春西方台地，其頂部多被紅土所覆蓋，以相思樹林最爲常見，或開闢爲茶樹或果樹也屢見不鮮。另外中間低平、四周環山的盆地地形，如台北盆地、台中盆地、埔里盆地群等，都是因爲斷層下陷後所造成，夾在丘陵、台地之間，亦是人口聚集的精華區。

　　除上述五大山脈外，台灣還是一個多火山、溫泉，地震頻繁的地區。獨立於台灣北端的大屯火山群，海拔高度約一千公尺以上，由幾個火山體組成，至今還殘留有一些火山口和溫泉。台灣溫泉分布與斷層有密切關係。著名的溫泉，北部有北投、陽明山溫泉，南部有關子嶺、四重溪溫泉等。

　　隨著高山的形成和存在，也造成了很多的河流。由於台灣主要的分水嶺偏東，所以河流東短西長，一般而言，具有河身短、河床坡度大、水流急、瀑布、急湍多等特徵，枯水期水量小，常成爲野溪，不適合航行。洪峰流量十分龐大，面積二、三千平方公里的集水區域，經常出現每秒一萬立方公尺以上的洪水量。

　　台灣的重要河川共有二十五條，長度在一百公里以上的有六條，分別爲濁水溪、高屏溪、淡水河、大甲溪、曾文溪與大肚溪。濁水溪是台灣第一大河流，長一八六‧四公里，第二大河流是高屏溪，長一七○‧九公里，第三大河流是淡水河。

　　台灣是一個高山島嶼，地形的多樣性與珍貴性，可以說是麻雀雖小，五臟俱全，在頻繁的地震與颱風的自然環境之下，生態系仍能穩定持續，憑恃的就是連綿的高山與森林，如果沒有高山屏障，在每年夏季的颱風肆虐下，台灣環境的衝擊將會相當嚴重；如果沒有森林，台灣上空的降雨會在很短的時間內直接注入大海，乾旱必定發生。這

些多樣的地形，是孕育萬物的舞台，但是滄海桑田，受到大自然的力量影響，許多地景會在短時間內改變、消失。對於自然景觀的保育，以往較少關注，現在在體認環境的整體效應與自然資源的重要性後，應當投以更多的關心與注意。

第二節　彰化縣的地形概述

在雕琢今日地表形態的各種營力當中，尤以河流最為普遍；而本縣位居台灣中部，從南到北，介於濁水溪與大肚溪之間，因此造就了本縣豐富的地形景觀，更是值得一觀究竟。

地表形態高低不平，根據海拔高度與相對高度的差異，大致可區分為平原、盆地、丘陵、高原、山地等五大地形。由謝覺民等（1975）與石再添、張瑞津（1978）對台灣地區五市十六縣高度、坡度、相對高度[8]分析的結果中，可得知本縣的地形特色。以高度而言，○～一百公尺占九二・二％，一百～一千公尺占七・八％，平均高度為十六・五公尺，居台灣五市十六縣之第十九位，也居各縣之末，亦即本縣之平均高度很低。以坡度而言，○～十度占九二・五％，十度～二十度占六・五％，平均坡度為二度四十六分，亦居五市十六縣之第十九位，在各縣之中，僅比澎湖縣略大。相對高度○～一百公尺占九二・七％，一百～一千公尺占七・三％，亦即本縣絕大部份的高度、坡度、相對高度均很小，僅八卦台地因地殼隆升、切割較劇烈，故其高度、坡度及相對高度均較大。

本縣地形依所佔面積計測結果，以平原佔大部分，台地僅分布於東緣。因此可區分為八卦台地、彰化隆起海岸平原、濁水溪沖積扇平原與彰化海岸等四部分，以下將分別對上述四區域做一介紹。

8　在描述一地之地形起伏時，高度、坡度、相對高度常可代表一地之基本特徵。高度是某地距離海準面的高程，坡度是某地坡面與海準面所夾的角度，相對高度則是某地高低起伏的量，三者都是表示一地地面特徵的數值，不僅是地形的基本資料，同時也是國土開發的基本資料。

一、八卦台地

　　八卦台地係台灣西北部數個第四紀紅土礫石台地之一（照片九），也是台中盆地西南方的屏障，原爲西部衝上斷層山地西側山麓所形成之沖積扇，因受背斜及活動斷層活動的影響而隆起，又受河流的侵蝕、堆積，而形成目前的地貌。

　　八卦台地之南北分別爲濁水溪及大肚溪的下游，東西分別爲台中盆地和彰化隆起海岸平原、濁水溪沖積扇平原，呈北北西－南南東走向的狹長台地，長約三十二公里，寬約四～七公里，中央部較窄，兩端較寬，面積約二一〇平方公里。地勢大致爲南高北低，南端的松柏山，海拔四三〇‧四公尺，西北端的八卦山則降至九十七公尺，台地最高點位在中央偏南的橫山，海拔四四二‧六公尺。台地西坡爲陡峻的斷層崖，南部和東緣則尚保留許多平坦面，西北部切割較劇，呈丘陵地貌（照片十），平坦面殘餘小塊或呈狹長之坪頂。台地西緣和東北緣有顯著的聯合沖積錐或沖積扇，流經其上的順向河因兩岸築堤，河床堆積旺盛而成爲高壅河。台地南緣已侵蝕成礫岩惡地，雨溝密布，尖峰林立。

照片九

照片十

　　另外，八卦台地與北側的大肚台地，從地形和地質的連續性來看，兩個台地以前可能是相連結的，例如它們同具較陡的西坡，較緩的東坡，以及西坡的陡崖是斷層崖；東坡向東緩傾，最後都連接台中盆地的地形面，而且兩個台地的地底岩層都有背斜構造，背斜的軸部與台地的中央隆起軸部互相重疊。

　　八卦台地南北各有一個著名的風景區，北部是八卦山，南部是松柏坑。松柏坑附近也是觀察台地礫石層蝕溝形態與濁水溪沖積扇的好地方。

（一）台地上的河階分布

　　河階是河川發育的階狀地形，由階面和階崖所組成，階面可由侵蝕和堆積作用形成，階崖則端賴侵蝕作用（石再添，1990）；而造成階崖下切侵蝕的原因包括侵蝕基準面下降、河床坡度增大、流量增加、流束集中及搬運物減少等，這些原因可由地殼的變動、海準面下降、氣候變遷、河川襲奪、冰河融化引起的地表均衡變化與人類活動等因素造成（黃文樹，2003）。河流下蝕作用增強，河水在舊堆積面重新下切，形成新的河床，使原有的舊河床成為高出兩岸的階地，就

稱爲河階。在河階上由於取水方便、土壤肥沃，因而往往稻田阡陌縱橫，成爲聚落所在。

本縣的河階利用標高、崖高、紅土的顏色、礫石覆瓦構造、階崖的延伸方向與河流的關係等方法，可得八卦台地的河階分布如前一章之圖七所示。由礫石覆瓦方向推知下樟空以南的台地面爲濁水溪沖積所成，下樟空以北者爲大肚溪沖積所成。橫山面爲濁水溪在本台地最高的沖積階地（照片十一、十三），亦爲八卦台地最高點所在，面上的紅土顏色較深，其下之礫石風化度較劇烈，因此可對比 LH 面（紅土緩起伏面）[9]。橫山面以南之階地由南向北依次遞降，最南之埔中面，最接近古濁水溪沖積扇的扇央，但其最高點（四三〇‧四公尺）的高度尙較橫山面低，因此埔中面應對比橫山面下一段的 LT1 面（LT 爲紅土或高位階地）。向北依次遞降的松柏坑面、弓鞋面（照片十二）、赤水面和大莊面（照片十一、十三），可分別對比 LT2、LT3、LT4、LT5 面。

橫山面和六分寮面之間低下一段者爲施厝坪面（照片十四），可對比 LT1 面，而六分寮面可對比 LH 面，施厝坪面東半部，已被順向河切割，殘餘許多狹長的平坦面，而六分寮面向北緩緩傾斜，顯然是古濁水溪沖積扇之北緣部分。

下樟空以北至南風寮之間稱爲豆周寮面，較六分寮面低，位在草屯附近大肚溪舊流路的正西方，可對比 LT1 面；南風寮面散布於南風寮至崩崁之間，高度在二五五公尺左右，已被侵蝕殆盡，殘餘數小塊平坦面，可對比 LH 面。台地東北緣，由溪頭經芬園至快官，南北長

9 台灣地區地形面之對比大多採用富田芳郎（1937）之分類作依據，其年代由老到新可分爲：(1)紅土緩起伏面（LH）：由高山平夷面受侵蝕形成之地形面，所含礫石及表土受紅土化作用。(2)高位階地面（LT）：由礫石層及黃褐色砂質土組成，靠近地表有數公尺紅土，比高100公尺以上。(3)低位階地面（FT）：地表無紅土，河階崖露出基盤岩層，比高80公尺以下，一般約20～40公尺。(4)新沖積面（FP）：最近之氾濫平原面，與河床比高約5公尺。

照片十一

照片十二

照片十三

照片十四

十公里，東西寬一公里的階地，稱芬園面，比豆周寮面低一階，對比
LT2面，已被許多順向河切割成三十多小塊。

此外，八卦台地北部有零星散佈的LT1－LT4面。

（二）台地上的河階特徵

各河階礫石之圓磨度、岩石質地均相似，唯其大小有異，南部之
礫石較北部者爲大，且其覆瓦構造明顯指示八卦台地南、北部的河階
分別由昔日的濁水溪、大肚溪所形成。

因八卦台地北部距大肚溪的谷口（草屯東方的雙冬附近）較遠，
較大的礫石已堆積在扇頂，故位在扇端的八卦台地北部的礫石較小，
而八卦台地南部則因距濁水溪的谷口（集集附近）較近，故堆積的礫
石較大。較老（高）的河階面，因侵蝕的時間較久，且侵蝕力較大
（因距侵蝕基準面較遠），故切割度較大，例如埔中面之切割度即大於
松柏坑面。

八卦山背斜的褶曲活動，使埔中、松柏坑、弓鞋、施厝坪等地形
面呈背斜彎曲，其西翼較東翼略陡。背斜北端之褶曲活動使台地北緣
之階地由背斜軸部（大致沿轆山坑）向東西兩方向彎曲，昔日的大肚
溪以先行河[10]的性質切過背斜軸部，使背斜軸部的河階階數較兩翼者
爲多，軸部的階面高度與階崖高度較兩翼爲大。

（三）八卦台地的地形演育

依地形學觀點，我們可以推論八卦台地的地形演育如下：隨著台
灣西部逆斷層的向西遷移（Lee et al., 1996），大肚、濁水兩溪於更新
世中期（約五十萬年前）在其下游（水裡坑斷層崖下）形成廣大的聯

---

10 先行河（antecedent valley）：地盤發生變位而相對上升時，如果河流下切
的速度大於地盤之上升，則能維持其流路，終在地盤上升的地方刻成水口
（water gap）而貫流，此種現象爲先行（antecedent）。先行的河流稱爲先
行河。

合沖積扇（LH 面），嗣後受來自東南東方的地質應力及西南側受阻於北港基盤高區之影響，造成八卦山背斜，在背斜西翼產生彰化、員林、田中等雁行排列的斷層（即廣義的彰化斷層），和背斜軸部張裂成豆周寮東、西斷層。背斜軸部的不均衡隆起，形成背斜高區與鞍部，北部的花壇高區殘餘南風寮面，南部的田中高區殘餘橫山面。大肚、濁水溪各有兩分流經鞍部切過背斜，形成LT1 面，前者包括台地北緣的LT1 面及豆周寮面；後者包括埔中面和施厝坪面。LT1 面形成後（晚更新世），因台中盆地的加速下沉和八卦山背斜的隆起，使濁水溪一分流經名間、南投而與大肚溪合流，在台地東北緣形成芬園面（LT2），另因台地南部地盤的隆起量較大，濁水溪的主流漸次北移，而形成松柏坑面（LT2）、弓鞋面（LT3）、赤水面（LT4）和大莊面（LT5）。大莊面形成之後，濁水溪的主流才南移到今日的位置；但其北流入台中盆地的一分流，待濁水溪名間附近的FT3 面（FT 為低位階地）形成後，才完全折向西流。大肚溪漸漸北移，切開大肚、八卦兩台地，在八卦台地北緣留下可與大肚台地南緣階地對比的LT1 －LT4。

照片十五

二、彰化隆起海岸平原

彰化隆起海岸平原（照片十五）分布於大肚溪與洋仔厝溪之間，是台灣西部的主要平原之一，北接清水隆起海岸平原，南連濁水溪沖積扇平原，東界八卦台地。本平原雖屬於隆起海岸平原，但是以往亦有經過沉降之事實，例如在彰化八卦山西麓（彰化中山國小校址東側海拔約二十公尺）就曾經發現一貝塚，貝類以半淡水之鳥蜆類（Corbicula subsulcata）最多，故可證明此種貝塚於人類居住時，海水侵入至八卦山下；此期乃一沉水期。

本平原西側離海岸平均有四～五公里，有一廣大淺海灘帶，約爲深一公尺以內的潮埔（俗稱海埔地，tidal flat），高潮時會被海水淹沒，僅在低潮時露出海面；但是如果台灣繼續發生地盤隆起的話，這些海埔地都會變成平原的一部份（王鑫，1991）。

另外，大肚溪穿過大肚、八卦台地後流於本平原之北界，由於河身寬大，沙洲發達，河口塗灘廣達三公里以上。風積沙丘在此平原上散布頗廣，但一般面積不大，且多數低緩者已被夷平，作爲耕地，現

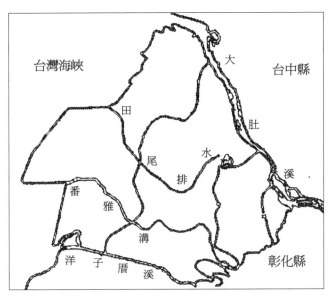

圖九 和美地區地形圖（謝熾昌，1991）。

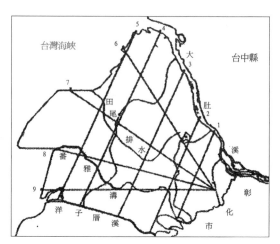

圖十 和美地區剖面分布圖（謝燉昌，1991）。

今所留最大者，在大肚溪南岸之湖子內以東一帶。蓋以河口沙洲塗灘發達，砂粒來源豐富，冬季枯水期中，西北風自河口沿溪上吹，堆積大量細砂於溪邊岸上。

此外，由地形上的等高線來看，和美地區呈扇形向西開展（圖九）。從地形的剖面來看，橫剖面呈上凸曲線，縱剖面則呈下凹曲線的趨勢（圖十、十一），此皆顯示沖積扇的特性。

三、濁水溪沖積扇平原

濁水溪是台灣最主要的河川之一，其上游各主要支流如霧社、丹大、郡大、陳有蘭及清水等溪，均發源於高大的中央山脈、玉山山脈及阿里山山脈，各溪集水區均甚遼闊，但由源頭到本縣二水的鼻仔頭（照片十六）之間，由於河流約束於山地或丘陵之中，僅在二水與水里之間，有較寬坦的埋積河床。於二水以下進入平原的下游部分，地勢豁然開展，形成規模龐大之沖積扇。

濁水溪出山的地方，也就是本沖積扇的扇頂在八卦台地南端、觸口台地北端，亦即二水東南方的鼻仔頭隘口為沖積扇頂部，扇頂海拔高度約為一百公尺，扇端達至海岸，整體呈弧形向西突出，而其半圓

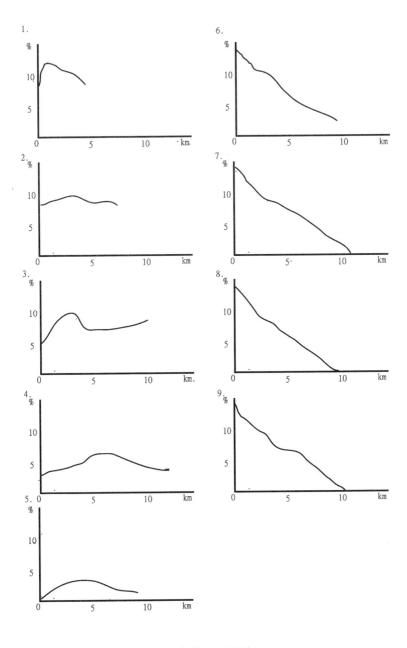

圖十一 和美地區橫、縱剖面圖（謝燼昌，1991）。

照片十六

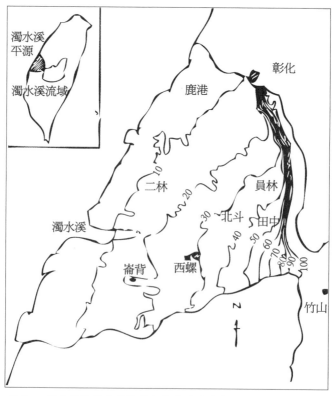

圖十二 濁水溪沖積扇平原等高線圖（張瑞津，1985）。

徑約四十公里，北起洋仔厝溪，南迄舊虎尾溪，面積達一三三九平方公里，為台灣最大的沖積扇平原（圖十二），又稱濁水溪平原，濁水溪以北之部分屬於本縣。

本區每當豪雨時，濁水溪可帶下大量泥沙造成溪水混濁，故稱「濁水」溪，在彰雲大橋以西的下游處大量堆積，河川多次改道，有記錄以來之二百年間，有頻繁之變遷。西元一六九七年郁永河從台南北上到淡水採硫的時候，途經本區，在《裨海記遊》中有以下的記載：「初十日（陰曆四日），渡虎尾溪西螺溪，溪廣二～三里，平沙可行；車過無軌跡，亦似鐵板沙。但沙水皆黑色，以台灣山色皆黑土故也。又三十里，至東螺溪，與西螺廣正等，而水深湍急過之。轅中牛懼溺，臥而浮，番而十餘，扶輪以濟，不溺者幾矣」，因此，當時東螺溪的水深和湍急程度要超過西螺溪。乾隆末年，改以虎尾溪為主流，後又以西螺溪為主流；一八九八年大洪水的時候，又改以東螺溪為主流。另外，乾隆末年的洪水，虎尾溪分出一支流，流貫在虎尾溪與西螺溪的中間，經海豐堡麥寮街的南方，向西流入海，這條新的溪流被稱為新虎尾溪。因此本沖積扇面上之放射狀河系中之主要分流，大致有五條，即麥嶼厝溪（東螺溪、舊濁水溪）、西螺溪、新虎尾溪、舊虎尾溪、虎尾溪（後三者位於雲林縣），這些河道均為濁水溪下游的分流。

除郁永河的《裨海記遊》外，以下這些古文書籍中，亦可說明近百年來濁水溪流的情況：

「濁水溪發源於內山，莫知所自出。……過集集，逕外觸口，分為虎尾、西螺、東螺、三條圳。三條圳西折崁頭厝，又與西螺合。至番仔挖，入於海。」（彰化縣志卷一）

「虎尾溪……溪過牛相觸，北分過東螺，又南滙河拔泉（清水溪）之流為西螺，過黃地崙、布嶼厝、出白沙墩之北、至於番仔挖，入於海。」（彰化縣志卷一）

「西螺溪，源出濁水溪，至崁頭厝，與三條圳合，入於海。」（彰

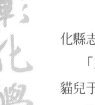

化縣志卷一）

「東螺溪，分自虎尾之牛相觸，北折而西；過打馬辰、樹仔腳、貓兒于，滙於海豐港，入於海。」（彰化縣志卷一）

「三條圳溪，源分濁水，在東西螺交界之中。西至崁頭厝，與西螺溪合，入於海。」（彰化縣志卷一）

「虎尾溪，濁水沸騰，……然溪底皆浮沙無實土，行者宜疾趨乃可過，稍駐足則沙沒其脛，頃刻及腹，至頭以上，則數人拉之不能起，遂滅頂矣。溪水深二三尺，不通舟，夏秋潦漲，有竟月不能渡者。余以辛丑（1721）秋初，巡斗六門而北，將之半線，至溪岸稍坐，令人馬皆少休；已而揚鞭疾馳，水半馬腹，車牛皆騰躍而過，亦奇景也。溪源出水沙連，合貓丹、蠻蠻之濁溪爲濁水溪。從牛相觸二山間留下，北分爲東螺溪，又南匯阿拔泉之流爲西螺溪。阿拔泉溪發源阿里山，過竹腳寮山，爲阿拔泉渡，西入于虎尾。四溪牽合雜錯，而清濁分明。虎尾純濁，阿拔泉純清。惟東螺清濁不定，且沙土塵決，盈涸無常。」（藍鼎元〈紀虎尾溪〉）

在明治四十四年（1911）時，因有大洪水使濁水溪平原居民受害，因此在西螺溪（即今日濁水溪）築堤保護，使其與其餘分流的地面水系隔離。

（一）地勢分析

1.地面特徵

濁水溪平原是一個高度小、起伏小、坡度緩的沖積扇平原，以二水附近鼻仔頭爲扇頂，全區向西緩傾，沖積扇平原之東北緣由二水至洋仔厝溪河口，長約四十六公里，順沿八卦台地的崖緣；其南緣順沿舊虎尾溪，長約五十二公里，而其西北緣由北向南延伸，海岸線長六十七‧五公里，整個沖積扇平原呈不等邊之三角形，扇面上之河流由扇頂呈輻射狀之順向河。

本區的相對高度在一百公尺以下，除八卦台地崖坡局部的地方相

對高度在二十公尺以上外，其餘絕大部分均在二十公尺以下，由東向西呈扇狀緩降，幾乎全區的坡度都在四度以下，僅在廣大平原上之沙丘分布處及八卦台地崖下局部地區較陡。

2.剖面地形

濁水溪平原南北向剖面具有三大特徵（圖十三）：

（1）橫剖面呈凸型，具典型沖積扇特徵，扇頂部較扇端部凸形更明顯。

（2）濁水溪（西螺溪）南岸平原高於北岸平原，扇頂部之此種現象較扇端部更為明顯。

（3）濁水溪呈高塹河之景觀，河床高於堤防兩側之平原，在南岸約高出○‧五～一公尺，而北岸約高出一～二公尺。

濁水溪平原的放射狀剖面具有二個特徵（圖十四）：

（1）各剖線均呈下凹的剖面，具有沖積扇平原典型之特徵。

（2）濁水溪北岸之剖面，其沖積扇平原與海岸平原及新、舊海埔地之分界較南岸者清楚。

（二）河道變遷

欲瞭解河道的變遷，常須借助文獻及古今的地圖，然而由於古今河流名稱往往不一致，故有關學者對濁水溪流路之變遷研究，著實需要費一番苦心。張瑞津（1985）根據清代文獻記載，認為濁水溪西出鼻仔頭隘口後，即泛流於沖積扇平原，當時下游之主流偏南，以虎尾溪（今日之舊虎尾溪）及東螺溪（今日之西螺溪）為主流，其間有西螺、三條圳等分流。康熙至光緒二十四年，濁水溪下游在今日舊虎尾溪及西螺溪間擺動。由於濁水溪快速的堆積，河床淤高，如逢豪雨便另覓低處而流。光緒二十四年（1898）濁水溪支流清水溪上游草嶺潭崩潰，洪水氾濫，主流遂往北移，以西螺溪及今日之舊濁水溪為主流，舊虎尾溪則因堆積作用、主流北移及上游處人工築閘欄攔水而成斷頭河，加上西螺溪因人工築堤束水，流幅加寬，舊虎尾溪顯得更短

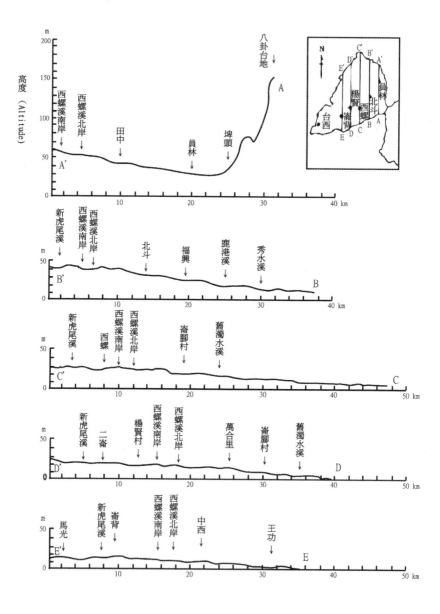

圖十三 濁水溪平原南北向剖面圖（張瑞津，1985）。

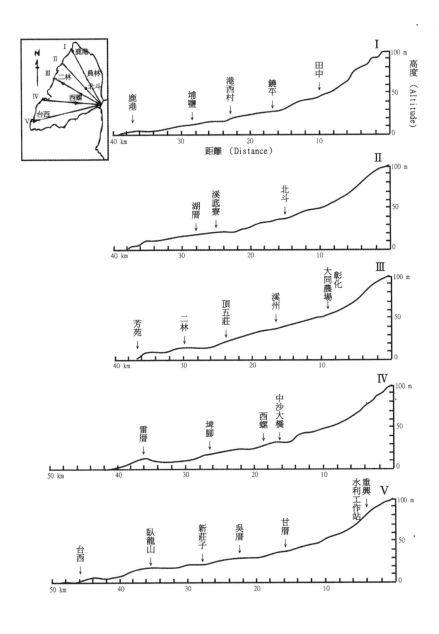

圖十四　濁水溪平原放射狀剖面圖（張瑞津，1985）。

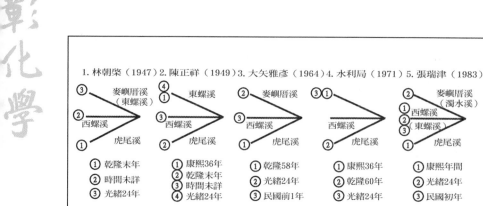

1. 林朝棨（1947）2. 陳正祥（1949）3. 大矢雅彥（1964）4. 水利局（1971）5. 張瑞津（1983）

圖十五 濁水溪河道變遷示意圖（張瑞津，1983、1985）。

小微弱。自民前七年至民國六十八年的七十五年間，河道變遷較明顯者爲舊濁水溪、西螺溪及新虎尾溪（圖十五）。

鹿港溪流經鹿港鎮，其上游連接八堡圳，與洋仔厝溪同爲八卦台地西側諸水之排水河川。民國三十年因水利單位就原有的鹿港溪河道截彎取直，並與上游的灌溉渠道相連，鹿港溪加長，並改名爲員林大排水（照片十七）。但下游距河口三公里處，因另建新渠道，使得原有四公里的曲流成爲廢河道，一直維持至今。

舊濁水溪在民前七年圖上稱爲濁水溪，與西螺溪同爲當時濁水溪下游的主流，埤頭以上，網流非常發達，今日的北斗即位於網流間的河中洲而發展起來。下游至萬興與石埤之間，尚有舊河道的痕跡，顯示早前河道相當寬大。石埤以下發生分流，北支流由鹿港西側粘厝村北上入海，南分流至漢寶入海，南北二河口相距約八公里，而以南支流爲主，北支流爲次。至民國十五年，扇頂附近的網流，因主流導向西螺溪，水量變小，上游河寬顯著縮減，由四公里銳減至數百公尺，網流不如往昔發達。河中洲多已被開發，只剩下中段有兩個規模頗大的沙洲。下游的分流起了重大的變化，原有的二分流斷離，南分流另成一河流，稱爲舊濁水溪；北分流流路雖未變更，但又分成數條分

照片十七

流，稱爲麥嶼厝溪，至民國六十八年埤頭附近之河中洲也消失，舊濁水溪變得更細小。

　由民前七年圖觀之，西螺溪由扇頂鼻仔頭出山後，直接奔向西流。西螺以東網流發達，河寬約四公里，以西寬度銳減，僅數百公尺，網流不發達。自民國十五年，因主流導入本流，西螺至洲子村的河道加寬，達二、三公里左右。網流非常發達，洲子村以西河道仍在二、三百公尺之間。爲了保護西螺溪兩岸之平原免於洪患，因此加建許多堤防，尤以北岸爲然。至民國四十四年，因濁水溪束水導向西螺溪，洲子村以西之河幅亦加寬，由數百公尺變成二公里，與東段的河寬大致一樣，而河口的寬度加大許多，約爲二・五公里，此時西螺溪明顯地成爲沖積扇平原的主流（圖十六）。自此以後，西螺溪成爲濁水溪平原灌溉及排水的主要河川，由於其堆積旺盛，網流仍舊發達不衰，歸納本區河流之變化較明顯者有：

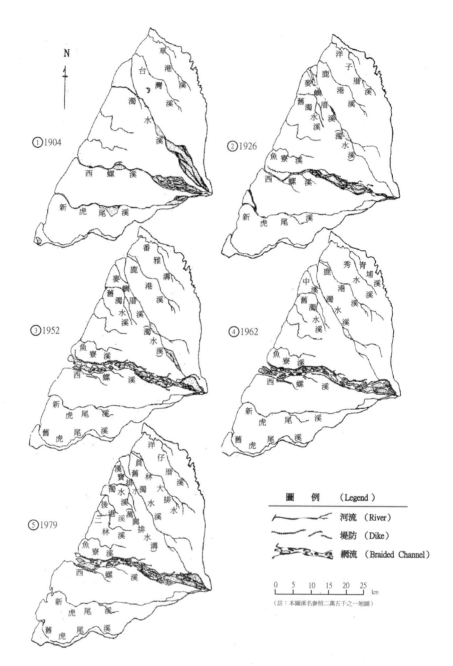

圖十六　濁水溪平原諸河流變遷圖（張瑞津，1985）。

（1）麥嶼厝溪河流變小，下游河道分歧斷離。

（2）西螺溪河寬加大。

（3）鹿港溪河道人工加長。

（三）沙丘的變遷

　　沙丘常常是因為風的長時間吹襲，沙粒堆積成的小山丘，但其不是一個固定或永久性的沉積，它可以不斷的沿著風吹的方向向前移動，而沙丘的方向變化很大，有的與海岸線平行，有的垂直，亦有不少外形呈新月狀或不規則形。

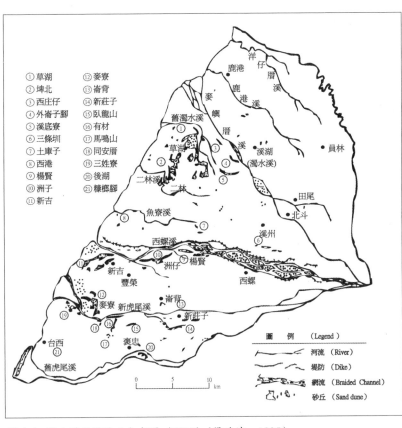

圖十七　濁水溪平原沙丘分布圖（1926）（張瑞津，1985）。

濁水溪平原之沙丘有海岸沙丘，也有河岸沙丘。河岸沙丘主要分布在舊濁水溪南岸。舊濁水溪在一九二六年以前與西螺溪同為濁水溪下游之主流，其規模大於今日，沙源也較今日豐盛，由其兩岸沙丘之規模更能證之。河床淤沙受到東北季風之吹運，於舊濁水溪下游南岸形成範圍相當廣大之沙丘，主要分布在草湖、埤北、西庄子、外崙子腳、溪底寮等地；西螺溪之沙丘主要分布於南岸，西螺以西一帶，由於西螺溪河床的細沙，受東北季風的搬運，在河岸處堆積成丘，沙丘多與河岸平行或呈東北西南向，且因西南季風的風速與盛行時間遠不及東北季風，故河流北岸的沙丘規模不如南岸，僅發達於河口附近堤

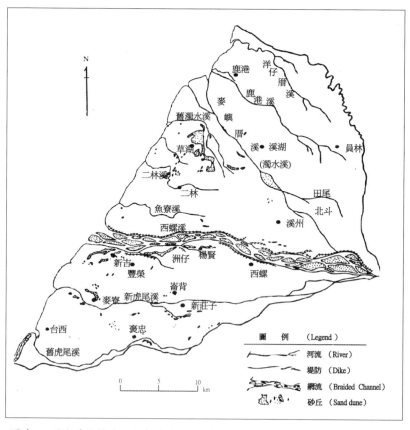

圖十八 濁水溪平原沙丘分布圖（1962）（張瑞津，1985）。

防內側的泛濫原上，主要分布在三條圳、土庫子、西港等地（圖十七），另外本縣地名如芳苑舊名沙山及各地有「崙」字者，都因沙丘而命名。

由民國五十一年（圖十八）圖上沙丘的分布可以發現，埤北一帶的沙丘，明顯變小，民國五十一年以後，因農地的開發及農發會輔導農民沙丘地灌溉技術，故大部分的沙丘闢為蔗田、蘆筍田及瓜田，甚或加以土壤改良闢為稻田，尤其以台糖公司大規模闢為蔗田之變遷最為可觀，如草湖、溪底寮等地。

民國六十二、六十三年由於興建高速公路，大量的沙丘沙被採挖

圖十九 濁水溪平原沙丘分布圖（1979）。（張瑞津，1985）

成為建築材料，草湖等地的沙丘幾被夷平（圖十九）。雖然行政院經濟建設委員會住宅及都市發展處於民國六十七年編訂的「台灣地區綜合開發計畫」中，把「雲林海岸沙丘地形」劃分成自然生態區，建議應當給予適當的保護，避免破壞大自然原始的地形景觀，然而民國七十三年後，本區埤北沙丘多開墾為果園、蔗田等，並興建芳苑工業區，導致沙丘地貌還是逐漸消失。現今殘存的沙丘中，大部分為墓地，少數成為遊憩地如王功福海宮旁之公園。

綜觀上述，沙丘的分布及規模變遷，不難發現沙丘除了與風速、風向有關外，更與沙源的供應密切相關，而沙源又與河道之變遷相互關聯。因此，濁水溪沙丘的變遷早期受河流改道、沙源供應的影響，後期則受到人為開採或開闢為農地如蔗田、蘆筍田或瓜田等的影響。

（四）彰化平原的地形演育

賴慈華等（1996）根據岩心之地層對比結果，推論彰化平原中更新世以來之演化歷史如下：

時期Ⅰ：

階段a： 在相對海水面最高的時期（約二十萬年前），最靠海側之探井為大陸棚環境，其餘探井為高能量淺海環境（圖二十a）。其後沉積物向外加積，海岸線逐漸外移，而轉變為陸相之環境。

階段b： 為以沖積扇之辮狀河流（網流）為主的環境（圖二十b）。

時期Ⅱ：

階段a： 發生大規模海侵，相對海水面最高的時期（約十四～十二萬年前），靠海側之探井為大陸棚環境，其餘探井為濱岸至淺海環境，當時之古海岸線可能已至目前八卦台地之西緣（圖二十c）。

階段b： 早期以辮狀河環境為主。晚期則可能為較靠陸側之沖積扇持續下切，於原本之沖積扇外緣形成聯合沖積扇，而使全區皆

a:時期Ⅰ，階段a（第7階）

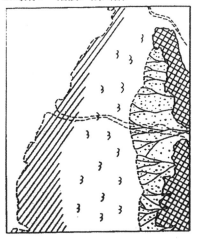

b:時期Ⅰ，階段b（第6階）

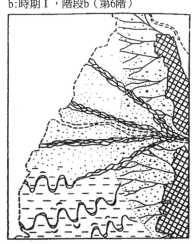

c:時期Ⅱ，階段a（第5階）

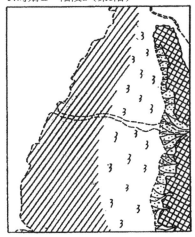

d:時期Ⅱ，階段b（第4階）

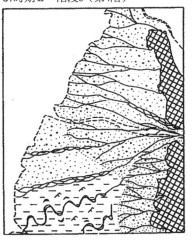

山麓地區　　砂質辮狀河　　風成沙丘　　濱岸環境

礫質辮狀河　　曲流環境　　岩案沼澤　　大陸棚環境

圖二十　彰化平原中更新世以來沉積環境演化圖（賴慈華等，1996）。

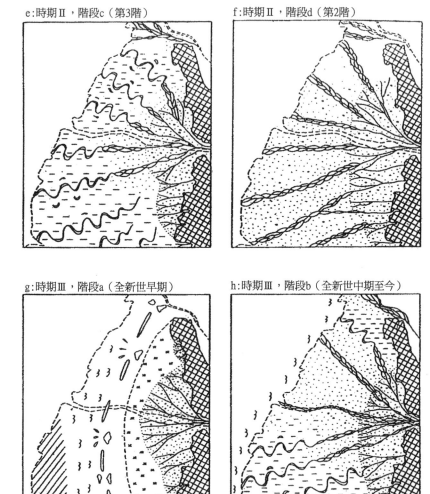

e:時期Ⅱ，階段c（第3階） f:時期Ⅱ，階段d（第2階）

g:時期Ⅲ，階段a（全新世早期） h:時期Ⅲ，階段b（全新世中期至今）

山麓地區 砂質辮狀河 風成沙丘 濱岸環境

礫質辮狀河 曲流環境 岩案沼澤 大陸棚環

圖二十(續) 彰化平原中更新世以來沉積環境演化圖（賴慈華等，1996）。

爲辮狀河環境（圖二十d）。

階段c：除了在濁水溪沖積扇扇央以上及大肚溪河口地區之探井仍爲
　　　　沖積扇之辮狀河環境，其餘地區爲曲流環境（圖二十e）。

階段d：全區皆爲辮狀河環境（圖二十f）。可能爲沉積物之供應量增
　　　　加，而於全區形成聯合沖積扇。

時期III：

階段a：約九千五百年至八千五百年前：發生海侵，但規模小於時期
　　　　II之海侵（圖二十g）。在相對海水面上升早期，本區形成廣
　　　　泛的沼澤環境。相對海水面最高的時期，較陸側之探井亦受
　　　　潮汐作用影響，形成沼澤環境；沿海地區探井爲濱海至淺海
　　　　環境；介於之間其餘探井可能爲較封閉之潟湖或海灣環境。

階段b：其後沉積物向海側加積，海岸線逐漸外移；在較接近沉積物
　　　　來源區的探井爲礫石質辮狀河環境，在離沉積物來源區較遠
　　　　的探井爲曲流環境；靠近海側探井原本應爲潟湖環境，現多
　　　　已闢爲魚塭（圖二十h）。根據歷史文獻記載，濁水溪曾有數
　　　　次改道，在古河道經過地區，沉積物以礫石及砂爲主，其餘
　　　　地區則以氾濫平原之泥質沉積物爲主。在民前七年之後，受
　　　　到人爲築堤影響，主要河道限於堤內，其餘地區則因沉積物
　　　　之供應量減少而轉變爲曲流環境。

四、彰化海岸

　　海岸和海灘是地球上最吸引人的地方，海岸地形乃是海岸受到海
水波浪、潮汐與海流的作用，加上海岸本身組成岩性的軟硬程度、地
質構造與河川上游沖刷所帶下來的沉積物等多項因子複雜作用下，慢
慢雕塑而成的各種不同地形。因此，海岸地形變化主要與海岸的侵蝕
作用、搬運作用與堆積作用之間的消長有關。

　　大肚溪至濁水溪間之彰化海岸（照片十八、十九），海岸線總長

照片十八

照片十九

約六十一公里，因受大肚溪、濁水溪甚至大甲溪之漂砂影響，形成隆起沖積平原，海灘坡降極為平緩，退潮時海埔灘地寬達五公里。惟以沙質海岸進化過程而言，本段海岸已由堆積興盛之沙洲時期，進而降至潛沙洲期，雖仍具有相當之堆積性能，但逐漸出現侵蝕現象，難以再永久維持平衡，一旦沙源供給減少，即可能一變而成為侵蝕性海岸。

彰化沿海地區因受海峽地形影響，暴潮位特高，且因海岸地帶地勢平緩，故海水常侵入內陸達數公里，早年為受災最嚴重之地區，也是以往海堤整建之重點地區。近年政府致力於開發海岸工業區，本段海岸多數列入其開發範圍中，若開發完成，原有濱海地區或可獲致保護；但因海岸大規模開發可能造成之負面影響，仍不應加以忽視。

（一）海岸線的演變

彰化海岸由大肚溪口至濁水溪口，全段皆屬泥質潮埔，而河流的沖積作用一直持續進行，致使海埔地不斷增廣，尤其在鹿港一地，潮埔的寬度由民前七年的二公里劇增至民國六十四年的六公里，顯然受到濁水溪的北向漂沙所支配。這一地區目前已開發了寓埔和王功等海埔地，在圍墾成功後短短數年間，在堤外又再生成了寬約二～三公里的新潮埔，說明海埔地的開發有利於新潮埔的形成。

鹿港在清順治年間（1661年）海岸線與市街還連接在一起，那時候鹿港溪口的水深，可讓大船直接駛入停泊；清乾隆、嘉慶至道光年間，還是個可以停泊七千噸大船的良港，因而成為當時臺灣的重鎮。然而在咸豐年間，因濁水溪的氾濫使鹿港溪驟被淤塞，隨後漂沙與飛沙不斷地淤積，水深日減，導致鹿港的海岸線和街鎮中心越來越遠而使鹿港亦趨沒落。一九三一年左右，鹿港港口改向西南方，而港口前方已經有沙洲的存在，船舶進出必須利用彎曲的淺水航路而行；這時船舶停靠地已經移向市街西方二公里的地方，水深在高潮的時候可達三‧五公尺，低潮時只有二公尺上下（王鑫，1984）。

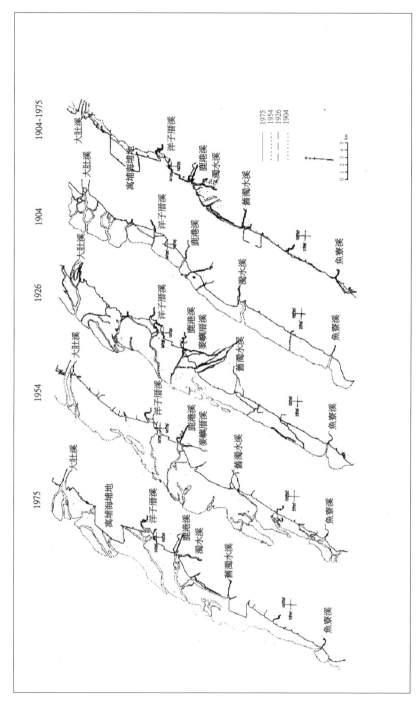

圖二十一　彰化海岸線的演變（石再添，1980）。

石再添（1980）根據民前七年、民國十五、四十三及六十四年四個不同時期的地圖加以比較（圖二十一），其演變的特徵如下：

（1）潮埔的顯著增廣，

（2）濁水溪口北向漂沙的作用，

（3）潮間水路的改變，

（4）寓埔及王功海埔地的開發。

（二）潮埔的成因

彰化海岸接臨水深較小的台灣海峽，潮差爲臺灣各海岸之冠，達到四、五公尺，由於地勢平坦，高低潮濱線相距好幾公里，因此潮埔甚爲寬廣，加上緩慢不斷的隆起運動，以及大河輸入的豐富泥沙，配合潮汐與風浪的作用，十分利於潮埔的生成。

每年季風和颱風所引起的風浪，對本區潮埔的形成與變化影響最爲顯著。本區東北季風盛行於九月至次年四月，時間較長、風速較大，方向也較穩定。其所生成的風浪，侵蝕河口沉積的泥沙，使泥沙沿海岸由北向南漂流移動，當低潮時，裸露出來的海灘泥沙受強風吹拂成爲飛沙向南移動，因此潮埔由河口向南展開。

西南季風由四月開始至九月，其風向正好與東北季風相反，故漂沙移動之方向亦相反。由於西南季風時間較短，風勢也較弱，故對漂沙、飛沙之作用，小於東北季風，經年累月消長的結果，乃使潮埔的泥沙由北向南移動。

至於颱風，台灣西海岸每年可能遭遇數次颱風侵襲，尤其以颱風中心通過台灣海峽北半部時，其中心以南的台灣西海岸，常受到強烈之西北、正西和西南暴風所引起之巨浪正面襲擊，因此潮埔常發生局部急遽的變化，但與季風之較長期緩慢變化大不相同。

彰化海埔地（潮埔）面積一五‧一二八公頃，居台灣各海埔地面積之冠。本海埔地直接面向大海，廣闊平坦，低潮線以上無顯著之地形變化，屬開放型潮埔。

照片二十

（三）海埔地的開發

　　彰化海埔地開發計畫包括伸港、寓埔、崙尾、鹿港、福興、漢寶、永興、芳苑北、芳苑南及大城等十區，合計面積八八八九公頃。其中前六區規劃為工業用地，永興區為農地及魚塭用地（照片二十），芳苑北區、芳苑南區和大城區則為魚塭用地。

　　寓埔海埔地位於伸港、線西兩鄉海岸，北自田尾排水，南至番雅溝排水。民國五十七年開工，六十年底開發完成，開發面積八二〇公頃，淨生產面積六七三公頃，其中五四九公頃原為農田，一二三公頃原為魚塭，惟土地出售後，因防風林成長欠佳，第二期稻作易遭風害，大部分農田均改為魚塭，至民國六十六年時，全區作為農田者僅五公頃，而魚塭面積則達六二五公頃，未利用地約四十二公頃。近年來因糧價不高，植稻無利可圖，養殖獲利較多，為經濟利益，目前農地已不復見。

照片二十一

照片二十二

寓埔海埔地寬約四到五公里，實際開發僅二公里寬度，原因在於：

1. 堤防離海岸愈遠，修築成本愈高；
2. 堤外灘沙的粒度較粗，不利農業。

惟本區全部土地已於六十七年五月編列為彰化濱海工業區之一部份，旋即為經濟部工業局徵購，目前正在擴大開發，改稱線西區。

王功海埔地（照片二十一、二十二）位於芳苑鄉海岸，北自萬興排水，南至王功排水。民國五十五年開工，五十七年完成，為本縣最早開發之海埔地。開發面積四六二公頃，除其中十公頃闢建為漁港外：其餘淨生產面積三五三公頃，原全部計畫供為農田，惟土地出售後，因耕地防風林培育欠佳，兩期水稻之單位面積產量均較內陸偏低，大部份土地均改闢為魚塭，從事水產養殖。

本區之魚塭分為鹹水與淡水魚塭兩種，鹹水魚塭之收益較淡水魚塭為佳，但本區原係以農業區規劃，大部分地區引取海水均有困難，如欲增加本區之鹹水魚塭，則需將給排水路重新規劃，以適合鹹水魚塭之用。此外，部份養殖戶飼養禽畜，實施漁牧綜合經營，其排泄物污染鹹水魚塭水源，影響蝦類養殖，有待改善（孫林耀明，1988）。

民國七十七年行政院核定鹿港、崙尾與線西（寓埔）三區共三六四三公頃，恢復開發設立彰化濱海工業區，民國八十四年第一家公司（延穎公司）生產開工。

（四）彰化海岸的侵蝕

由於溫室效應的日趨嚴重，全球性的海水面變遷問題已躍升國際舞台，世界各國莫不重視此一話題。海岸變遷常造成海岸侵蝕或堆積的重新分配，然而許多重要國家的首都或重要都市也多位於河口港或海岸地帶，例如台北、紐約、倫敦、東京等，因此海岸的變遷會造成經濟、社會乃至於國力的變遷。

台灣受到地殼隆起的作用，原本海岸地帶會慢慢脫離海水侵蝕作

用的範圍，形成海階或沖積平原，理論上受到海岸侵蝕的影響應該不大。然而，由於地殼隆起的速度緩慢，而海水不斷藉由海浪、潮汐日以繼夜地對海岸拍打，傳遞侵蝕的能量，再加上台灣位於季風區，每年東北季風與夏日的颱風，都會帶來巨大的能量，造成海岸侵蝕的現象非常嚴重（林俊全，2004）。

本縣西部海岸因上游河川帶來大量泥沙堆積，形成以沙岸為主的地形，加上海邊的沿岸流也常有漂沙活動，因此時有泥沙的堆積。近百年來也因為漂沙堆積形成許許多多的海埔新生地。

寬廣的海岸平原、潮間帶及海岸濕地，帶來豐富的魚苗和蚵苗，使得本縣養殖漁業非常發達，也是漁民賴以維生的舞台。但是養殖漁業需要大量用水，超抽地下水的結果，造成地層下陷，因此，人工養殖漁業被認為是影響彰化海岸地帶地盤下陷、海岸侵蝕的主要原因之一。

海岸侵蝕的直接影響，就是國土流失。對於小小的台灣而言，這是一個非常嚴重的課題。再加上近幾年來政府等相關單位，在河川上游興建水土保持工程和水庫，導致泥沙無法直接進入海裡，致使泥沙供應量減少。

隨著全球氣候的暖化，海水面上升的過程中，海岸地帶受到海浪侵蝕的力量會更強勁，潛在的災害問題，也將日益凸顯，因此任何彰化地區海岸地帶的利用，不管是大型工業區的開發或道路等公共工程，都需要經過審慎的評估，避免當地海岸地帶遭受侵蝕而產生後退的現象，這是我們居住在此所不可忽視的。

3 氣候──大氣變化的狀態

早期中國的氣候概念，起源於周公的廿四節氣、七十二候，重點是在一年之中自然景觀的季節變化。聰明的老祖先早知道氣候的變化和太陽位置有關，並且利用恆星、北斗七星斗柄所指的方向以及日晷影子的變化來訂定季節，即從觀察天象來訂定時間（觀象授時），而後以圭表上的日影變化來決定季節。在《後漢書・律曆志》內就記載了廿四節氣之中每一節氣時八尺之表的影長。

而隨著時代的演進，氣候的研究越來越深入，理論也隨之而生。近年來全球氣候系統的理論已爲多數學者採用；亦即，氣候是指在太陽輻射、下墊面性質、海陸分布、大氣環流和人類活動長時間互動之下，在某一長時間之內大氣的平均狀態。所以我們可以說氣候是一種在時間、空間上大尺度的平均狀態。其空間尺度從幾公里到幾千公里，時間尺度則是從一個月到一年，甚至幾千年、上萬年，都屬於氣候的尺度。

當然，我們必須要有一個明確的定義、明確的單位來探討氣候的現象與變化。世界氣象組織規定以三十年作爲描述氣候的標準時段，也就是說氣候是以三十年爲一個單位，三十年內各種氣象要素和氣象現象的統計性質作爲特徵表示。如三十年的平均溫度、三十年的平均降水量、三十年的風向頻率等。但由於氣候不斷的在變化，採用不同年數或不同時段氣象資料所計算的平均值也將不相同。因此，世界氣象組織也規定六○年代採一九三一至一九六○年的三十年平均值來衡量該年代的氣候現象。而各個三十年統計時段氣候的統計平均值之間的差異稱爲氣候變化，而三十年內各個年份之間的氣候差異則稱爲氣候變率。

將氣候看作天氣的平均，並取三十年觀測值，求一個穩定的平均值定義下，月平均氣溫、月總降水量、月平均氣壓，即爲古典氣候的

三大要素，藉此我們可以比較不同的年分氣候的相同及差異狀況。

在前述古典氣候的定義下，由於三十年平均值也有變化（氣候變化）；加以要解釋氣候的形成、氣候的分布，探討氣候變化的原因，嘗試進行氣候預測，不能侷限於研究古典氣候三大要素，甚或侷限於研究大氣本身，而應研究包括大氣圈、水圈（海洋、湖泊等）、岩石圈（平原、高山、盆地、高原等地形）、冰雪圈（極地冰雪覆蓋、大陸冰河冰、高山冰河冰等）、生物圈（動、植物群落以及人類）中與氣候有關的物理的、化學的和生物學的運動變化過程。因此廿世紀六〇年代後形成了全球氣候系統的概念。

第一節　氣候概況與天氣預報

氣候是地球上複雜的一種自然現象，與我們日常生活息息相關，也由於氣候現象的複雜性及形成氣候的多種多樣原因，以及人類對於氣候及其變化的認識，隨著科學技術的進步而逐漸加深，因此不同的人在不同的時代對氣候概念的認識也各不相同。

一、氣候概況

首先，我們必須對「氣候」與「天氣」有一清楚的認識。氣候和天氣是兩個關係密切但卻又不同的概念。天氣是指某一地區在某一瞬時或某一短時間內大氣中氣象要素（如氣壓、溫度、濕度等）和天氣現象（如雲、雨、霧等）的綜合。而氣候則指在太陽輻射、下墊面性質、海陸分布、大氣環流和人類活動長時間相互作用下，在某一長時段內的大氣平均狀態。故天氣是大氣中的短期過程，氣候則為長期大氣過程；亦即，天氣和氣候的空間尺度基本一致，從幾公里到幾千公里乃至上萬公里，但時間尺度卻大相逕庭，天氣的時間尺度從幾小時到幾天、十幾天，氣候的時間尺度則要長得多，從一個月到一年甚至是幾千年、上萬年。

在我們平時的生活之中，一定也常聽到許多老祖先關於氣候的俗諺，比方說：春霧曝死鬼，夏霧作大水。意指春天時，如果清晨地面罩霧，則當天放晴，日照強烈；夏天時，如果地面清晨罩霧，則當天下雨機會甚大。還有比如：未食五月節粽，破裘不甘放。更是告訴一般的民眾，未過端午節之前，天氣變化尚大，冷熱不一，故大衣還不能收起來。諸如此類描述氣候現象，告知因應氣候變化所應具備的常識，比比皆是，足可見，自古以來，老祖先即知氣候對於生活影響的重要，並且自古即著手從事與氣候相關的研究。

二、天氣預報

中國自古以來以農立國，在周朝時即利用「土圭」測量日影，經過長時間的觀察，老祖先們了解太陽在不同季節的地平高度，掌握了季節變化的規律，隨後便依據太陽位置，創造出一個可以反應季節變化的廿四節氣，對於五千年來的農耕生活，有相當大的幫助。

古人利用經驗來預報天氣，那麼今人呢？早期在五、六○年代的天氣預報非常仰賴有經驗的預報人員，這些預報員依據個人所累積的實務經驗或者簡單的統計方法，配合手繪的地面天氣圖，主觀的依照目前天氣變化，推判未來天氣系統可能的演變，但是由於個人的學識經驗仍然相當有限，因此預報的準確度或者時效性也會受到限制。

後來隨著科技不斷地進步，近幾十年來，觀測技術不斷改進（如超級電腦、氣象衛星、雷達等），配合數值天氣預報技術的蓬勃發展，讓預報人員有更多的分析資料可以參考，使得天氣預報的準確度愈來愈高。所謂「數值天氣預報（Numerical Weather Prediction，簡稱NWP）」簡單地說就是利用電腦的快速運算能力，配合大氣運動的模式，計算未來大氣的可能演變狀況。其之所以能夠「計算」是因為大氣類似於連續性的流體，它的運動或狀態的改變，有其一定的關係式存在，因此我們可以利用物理學原理，來建立關係式，再利用數學方程式加以表達，這樣就可以使用電腦的計算能力，算出未來的天氣

演變（涂建翊等，2003）。

　　全球各地面氣象站都是每三個小時進行一次觀測，台灣中央氣象局為保障社會大眾的生命安全並減少財產損失，於每日上午九時及下午二時十五分舉行預報討論會，會中經由預報人員依據實際的天氣狀況以及數值模式分析得到的預報結果相互討論，並達成共識，最後由資深預報人員總結後，對於容易造成災害性的天氣現象，都會以警報或特報的方式加以發布，以提高相關地區政府與社會大眾的警覺。

　　警報的發布受到氣象法規限制，有其標準步驟，因此必須格外謹慎。警報的發布主要針對颱風為主，而特報則依氣象局預報人員研判，針對可能發生之劇烈天氣現象，諸如豪大雨、強風、低溫及濃霧等四種特殊天氣現象，有時尚會針對位於台灣近海附近之熱帶性低氣壓發布熱帶低壓特報，適時、即刻地發布警訊，以達到告知民眾及早預防、減輕災害的目的。所以，一旦媒體報導氣象局發布颱風警報或相關劇烈天氣特報時，民眾就必須要小心防範，加強戒備。

　　氣象與我們的生活息息相關，若瞭解台灣氣候的特色，甚至準確掌握氣象預報，則我們就可以更精確的掌握氣象、掌握生活，使生活更便利，在農業等方面亦可減少損失。

第二節　台灣的氣候概況與類型

　　「風、雨、雲、雷、電」代表著大氣不同的面貌，也是我們生活上經常都會接觸到的天氣現象。台灣四面環海，加上陡峭的地形分布與所處位置的獨特性，使得這些現象出現的頻率，明顯高於其他地區（涂建翊等，2003）。

　　台灣被稱為「福爾摩沙」（Formosa），是個美麗的寶島，然而我們可以明顯感受到在台灣地區東邊與西邊、南部與北部以及高山與平地之間，各自擁有不同的氣候特徵，在島嶼內同時具備了副熱帶、熱帶以及高山氣候的特性；夏天受到太平洋副熱帶高壓環流系統的影

響，高溫炎熱，且有颱風的侵襲，冬天則受到北方中高緯度天氣系統如寒潮南移的控制，溫度偏低。眾多因素參雜其中且交相干擾下，讓台灣氣候增添了多樣與多變的特性。

　　台灣的氣候以北回歸線為界，以北為副熱帶季風氣候，以南則為熱帶季風氣候，南北氣溫差異不大，是屬於溫暖多雨的地區。由於地形複雜，由平地到高山，又可分為熱、溫、寒三帶。另外，台灣為季風氣候區域，冬夏風向相反，冬季多為東北季風，夏季多為西南季風（圖二十二）。季風與山脈走向相交，造成台灣北部與南部降水量的季節變化有顯著差異。而且，東岸全年有黑潮暖流自菲律賓北上，影響台灣的溫度與濕度。

　　在控制氣候的氣壓系統方面，夏季太平洋副熱帶高氣壓勢力最強，籠罩台灣地區時，常造成炎熱天氣，甚或造成乾旱。此高壓的強

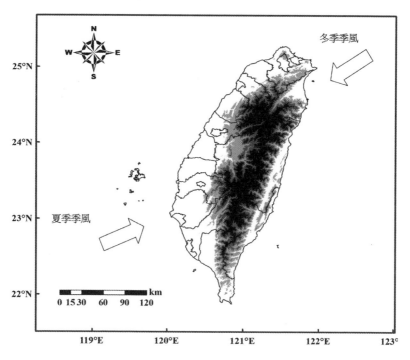

圖二十二　台灣冬夏季節之季風方向。

弱及位置與颱風的侵台與否，關係密切。秋末起，西伯利亞或蒙古高氣壓南下，每造成寒潮爆發，使氣溫急劇下降。隨後此冷高壓又因高空西風長波的移動，分裂成爲分離高壓，東移出海，台灣地區天氣轉爲晴朗，氣溫回升。此種週期性變化，自秋末至次年初春，週而復始，形成三寒四溫的天氣。

　　晚春至初夏的五、六月間，與秋初的九月間，西伯利亞高氣壓與太平洋副熱帶高氣壓勢均力敵，致使氣壓間的鋒面，停滯於台灣附近，而形成陰雨天氣，前者爲梅雨，後者爲秋霖。

　　以下茲以氣象要素簡要敘述台灣之氣候概況。

一、氣候概況

（一）氣溫

　　台灣氣溫高而濕潤，沿海平地及丘陵地屬熱帶氣候型，地勢較高之處屬溫帶氣候型，中央山脈區屬寒帶氣候型。平原地區之年平均氣溫，約爲二十二度至二十五度，自四月以後，月平均氣溫即達攝氏二十度以上，長達九個月之久。最冷月（一月）平均氣溫約爲十四至二十度，最暖月（七月）平均氣溫多超過二十七度。六至九月，最高平均溫度皆超過三十度，各地極端最高溫，臺東爲三十九‧五度，臺中三十九‧三度。從十一月到次年三月，除高山外，各地最冷月之月平均溫度，均在十五度以上，最低平均溫度亦高於十度。至於極端最低溫則可達攝氏零度以下，例如臺北的極端最低溫度曾降至負○‧二度，臺中則降至負一‧○度。在冬季，初霜與終霜出現時期各地有異，日月潭初霜在十二月底，終霜在三月初。阿里山初霜在十一月下旬，終霜在三月下旬。氣溫日較差之年中季節變化，北部、東北部及東部皆夏季大於冬季，中南部則反是，因北部的一月均溫較中南部低，七月均溫常較中南部高，故氣溫年較差自南向北遞增。台灣山岳地區之氣溫隨海拔之增高而遞減，如玉山之年平均氣溫爲三‧八度，

七月均溫七・五度，一月均溫負一・七度，年較差九・二度，較平地
為小。

（二）降水

　　台灣地區降水量豐富，雨量分布受地形的影響，山地多於平地，
東岸多於西岸。中部山區歷年平均年雨量多在三千公釐左右，若在迎
風坡可達四千至五千公釐，臺北縣之火燒寮平均年雨量達六五六九公
釐，而其最高雨量曾達八四〇八公釐，東部沿海各地，年雨量自一千
五百至三千公釐不等。西部平原接近山麓地帶多在一千五百至二千公
釐。二千公釐等雨量線與一千公尺等高線幾相近似。自西岸至中央山
脈之間，降水量隨高度之遞增而增加。

　　季風與地形影響雨量最甚，遂使台灣南部與北部，雨量的季節性
變化有顯著不同。在冬季各月，東北季風盛行，氣流經東海帶來豐沛
水汽，登陸後受地形的影響易於成雲致雨，故北至東北部為雨季，季
風吹至南部，水汽多已凝失，南部成為乾季。夏季西南季風盛行，風
力較弱，在炎日之下，易生對流性雷雨，為中南部帶來大量降水，在
此期間，北部則為乾季。

　　在降水方面，南北部大異其趣。自十月至次年三月，北部基隆、
宜蘭地區常是連綿陰雨，降水強度小，在此期間基隆降水量佔全年降
水量五十六・六％。東部海岸，在花蓮以南地區，東北季風與海岸
平行，天氣陰沈，但降水量不多。西海岸平原地帶，冬季之降水量極
少，大部分不及全年降水量二十％，西南部高屏地區少於全年降水
量十％。至於四至九月，北部地區僅有梅雨降水，變率很大，而中
南部地區降水多為地方性的雷雨或颱風帶來的豪雨，降水強度較大，
臺中以南，在此期間的降水量佔全年降水量八十％以上。

　　降水強度，以全年而言，夏季大於冬季，以地域而言，北部的季
節變化較小，中南部季節變化懸殊，最大月之平均強度常為最小月之
五倍以上。雨量變率方面，宜蘭平原平均雨量變率為十四・八％，

臺中為二十一‧七％，臺南為二十八‧五％，恆春為三十四‧四％，可見變率自北向南遞增。南部與東部的雨量變率大，是由於颱風侵襲次數多寡的緣故。

年雨日與年降水量頗為一致，即降水量多，雨日亦多，故雨日的分布，山區多於平地；東海岸多於西海岸，澎湖群島雨日最少。例如阿里山雨日計有二〇八‧三日，而嘉義市則僅有一一〇日。東海岸的宜蘭平均雨日為二二六‧三日，而西海岸的新竹則只有一四二‧九日。

（三）風（風向和風速）

風主要受季風所控制，冬季（十月至次年三月），廣大冷氣團在亞洲大陸形成，巨大乾冷氣流由高緯經過內陸吹向海洋。到達台灣時轉為東北季風，因與東北信風重合，故風力增強，尤其在北部近海地區，例如臺北，月平均風速為每秒三‧五公尺；北部海面及臺灣海峽，風力更強，月平均風速為每秒八‧三公尺；澎湖群島，一年中風速大於每秒十公尺的強風日數達一三七日，其中約八〇％集中分布冬季。

在夏季（五－九月），西南風盛行，風源於熱帶海洋，風力較弱，例如恆春七、八兩月之平均風速為每秒二‧八公尺。

在台灣一月份除台北及阿里山外，各處均以東北風或西北風之頻率為最高。台北盆地因南北有山阻擋，東北季風多沿基隆河谷而入，風向偏東。而阿里山之風向頻率以西風居首，顯示東北風之高度甚低，在海拔二千四百公尺以上已轉變為高空西風。七月，台灣各地風向多轉為東南或西南，但頻率百分比較低。彭佳嶼東南風頻率僅有二十六％，而蘭嶼西南風頻率亦僅達二十四％而已。阿里山上風力微弱，南風比率不高，西風仍佔優勢。至於各地極端最大風速以蘭嶼於民國四十四年八月二十三日在颱風掠過該島時所記錄每秒六十五‧七公尺之瞬間風速為台灣風速之絕對最高值。

二、氣候類型

柯本（Koppen）以年均溫、年雨量，最冷或最暖月平均溫度，以及土生植物為準，將全球分為：熱帶多雨（A）、乾燥（B）、溫帶多雨（C）、寒冷雪林（D）、及極地（E）等五大類。C類之定義為：最冷月之平均溫度在十八度以下，零下三度以上，而無長期積雪。此類再據季節雨量分為：溫帶冬乾（Cw），溫帶夏乾（Cs），及溫帶潤濕（Cf），另據最暖月之溫度附加a、b、c、d四字母之一以為細分，臺灣之氣候可以劃分為：

· 東北部為Cfa型──溫暖而潮濕；

· 東西兩岸為Cwa型──潮濕、冬乾而夏熱；

· 中央山區為Cwb型──潮濕、冬乾而夏涼；

· 南部為Aw型──熱帶多乾氣候。

萬寶康（1973、1974）據柯本法所作臺灣氣候區域，本縣屬於冬乾而夏熱潮濕之Cwa型氣候。

另陳正祥根據桑士偉（Thornthwaite）之分類法將臺灣之氣候分成八區，本縣位於第III與VII區。

西南區（III區）氣候特徵為：

1. 雨量較少，約為一五○○公釐左右，自山邊向海遞減；

2. 雨水集中於夏季之現象極為顯著，夏季雨量佔全年雨量八○％以上；

3. 冬季乾燥，旱災之頻率甚高，故灌溉在農業上極為重要。

VII區氣候特徵為：

1. 為台灣本島雨量最少區，約在一二五○公釐左右；

2. 冬季風大，非常乾旱。二林之氣候，足以代表本區。二林一月平均氣溫為攝氏十五·七度，七月平均溫度為攝氏二十八·四度；平均年雨量為一三二二公釐，降於下半年者約佔六十七％。

第三節 彰化縣之氣候概述

早年在彰化地區的人們，每年到了農曆九月下旬至隔年三月下旬的乾旱時節，會有強勁的東北季風，要是走路或騎腳踏車在海濱地區，例如鹿港的街道上，往往就必須逆風而行，而被吹得東倒西歪，寸步難行，當地人稱為「九降風」，每當九降風一起，全鎮就籠罩在沙塵之中，因此以前鹿港居民為了躲避強風，建造了彎彎曲曲的九曲巷道，運用曲巷來避免強風的長驅直入[11]（莊展鵬，1992），由此可知九降風（亦稱鹿港風）真是名不虛傳的強勁。

一、舊志書的氣候概述

彰化地區在清朝時曾屬於諸羅縣，在清康熙五十六年（1717）完成的《諸羅縣志》，曾經對本縣的氣候特徵詳加敘述，例如有描寫本縣四季氣候特徵：「夏、秋紅日當空，片雲乍起，傾盆立至。一日之內，陰晴屢變；或連月不開。冬、春二時，或昧旦霜飛，日中雨注；方在搖扇，旋苦寒風。客斯土者，寧過暖而無受寒，邪氣不得而中之矣。」前段描寫夏、秋彰化地區因為強烈對流，形成大規模的積雨雲而形成的午後雷陣雨，後面一段則是在描寫冬季寒潮來襲時，因為冷鋒的最前緣常伴隨鋒面雨，接在其後的就是極地大陸冷氣團，因此在一陣雨過後，溫度就會急速地降低，天氣不穩定的變化，造成過往的

---

11 莊展鵬（1992）指出九曲巷這種曲折走勢的形成，有以下三個原因：
  (1) 由於鹿港屬於河港商業聚落，市街發展初期，即沿著弧狀的港灣興建，自然形成彎曲形態。
  (2) 由於鹿港濱海，冬季的東北季風非常強烈，有「九降風」之稱。在強風肆虐下，街道如何避風，是很大的一項挑戰。因此將街道開闢成鋸齒狀的曲折形態，使強風無法長驅直入，風力自然減弱。所謂「曲巷冬晴」，正是先民智慧的展現。
  (3) 由於鹿港昔日治安不良，常有械鬥或盜賊入侵，而當時官府的約束力又很薄弱，人民不得不自尋防衛之道。因此曲折的街道正可抵擋、減緩敵人攻勢，也方便防禦。而每一曲折，亦可能有界分領域的功能。

旅客因為天氣寒冷而感染感冒、傷風等疾病。

借古觀今，由以上《諸羅縣志》的文字描述，我們可以了解將近三百年來，彰化夏季午後的氣候狀態，以及春秋兩季變化的情形，對照今日彰化地區的天氣狀況實為大同小異，差異不大。

另外，在清道光十年（1832），《彰化縣志·十一雜識志·災祥·》，也對清代雍正三年至道光十二年，彰化地區所發生的氣象多有敘述，整理條列如下：

* 雍正三年（1725 年）－秋七月，大風。
* 乾隆三年（1738 年）－夏六月，大水。
* 乾隆五年（1740 年）－夏六月廿四日，大風雨四日。
* 乾隆十三年（1748 年）－夏六月，大雨水。
* 乾隆十四年（1749 年）－秋七月，大雨水。
* 乾隆十五年（1750 年）－秋七月，大雨水。八月，大風，壞民舍無算。
* 乾隆十七年（1752 年）－夏六月，地震。秋七月，大風挾火而行，被處草木皆焦，俗稱火颱，或云麒麟颷。
* 乾隆十八年（1753 年）－夏五月，大雨水。秋八月，大風，損傷禾稼。
* 乾隆十九年（1754 年）－秋九月，大雨水。冬十月，大風。
* 乾隆廿三年（1768 年）－夏六月，大雨水。
* 乾隆卅七年（1772 年）－秋七月，大雨水。
* 乾隆四十九年（1784 年）－秋八月丁未夜，大風雨，拔大木，壞民舍，海舶登陸碎。
* 乾隆五十二年（1787 年）－秋八月，霪雨連旬，平地水深三尺。
* 乾隆五十三年（1788 年）－春二月，大雨水。
* 乾隆五十四年（1789 年）－春三月，旱；至五月十日，始雨。
* 乾隆五十九年（1794 年）－冬十月，大風。

* 嘉慶元年（1798 年）－秋九月，大風。

* 嘉慶六年（1801 年）－夏六月，大風。

* 嘉慶九年（1804 年）－秋七月，大雨水。

* 嘉慶十六年（1811 年）－夏四月，旱。

* 嘉慶二十年（1815 年）－冬十月，大風損禾稼。

* 嘉慶二十五年（1820 年）－夏五月，大旱。

* 道光元年（1821 年）－夏五月，大雨水。秋七月，大雨水。

* 道光六年（1826 年）－秋八月，大風。

* 道光八年（1828 年）－秋九月，大風壞民舍。

* 道光十一年（1831 年）－入夏四月，旱。

* 道光十二年（1832 年）－入秋八月，大風，海水大漲，海舟
  登陸。

二十日巳、午兩時，海水驟漲丈餘，近海民舍多被淹沒，田園亦
被浸鹹。

　　以上為西元一七二五至一八三二年的資料。從這簡略的紀錄中可
以發現，氣象的災害在本縣約是兩年發生一次。雖然以上資料歷史久
遠，殘缺不齊，但可以看出前人對於氣候變化的觀察與紀錄已相當重
視。

　　氣候資料需要長時間累積觀察，故隨著年代來記錄是相當重要
的。倘若我們可以將舊志上的氣候紀錄與現代氣候資料比對，來觀察
現今氣候的改變，將有助於我們了解本縣的氣候型態與氣象災害，進
而觀察其所發生的頻率與變化。

二、氣候特徵

　　所謂「工欲善其事，必先利其器」，故若想要精確地表達一個地
區的氣候狀態，必須先有良好的氣象站。一個良好氣象站的條件須要
有那些呢？當然免不了的是氣象站的分布要合理且具有代表性、紀錄
悠久且要相當可靠，儀器標準化且顯露度良好。可惜的是，本縣缺乏

較佳的氣象站，只有農業、糖業及水利單位設立的雨量站，只有雨量紀錄。因此本縣測量資料須引用鄰近測站的資料。鄰近本縣的測站有中央氣象局之台中及梧棲測站。這兩個測站和本縣的距離差不多，且梧棲靠近海邊可代表本縣西半部受海洋影響較大的區域，而台中附近基本氣象條件與本縣東半部相當，故在資料完整及可靠性前提下，引用梧棲及台中測站觀測資料，分別代表本縣之東西部氣候狀況。

（一）氣溫

本縣氣溫東半部年平均溫為二十二‧六度，其中以七月最高，為二十八‧一度，一月最低，為十五‧八度（表二）。西半部年平均氣溫為二十三‧一度，冬季溫度明顯低於全年年均溫六～七度，而夏季氣溫高出年均溫五～六度（表三）。依張寶堃之四季劃分法來看，「春、秋之爭在於和，冬盡春來和之始，秋末冬至和之終也。」一般所謂和是指十五度到十七度，而二十二度以上稱為夏，十度以下為冬。因此嚴格來說，本縣只有春夏而無秋冬。在十二月到隔年的三月為春季，四月至十月為夏季，十一月為過渡期。

圖二十三為彰化縣年等溫線圖，由圖可知本縣年均溫都在二十二度以上，可說是十分溫和宜人。而圖二十四是月平均溫度年較差圖，月平均溫度年較差是一年中最冷月均溫與最暖月均溫之差，在圖中可以發現溫度年較差因八卦台地地勢較高之變化，而造成本縣東北部比西部的溫差大，因此地形是導致本縣內部氣溫差異的主要原因。

（二）雨量

夏季是本縣最主要的降雨季節，冬季則是乾季。了解降水時間分布的特色，才可更精確掌握「彰化水」，使用「彰化水」，使彰化人用水時無無水之虞。本縣夏雨冬乾，實因地形影響。本縣地處台灣西部中段，東北方界有台中盆地，西臨台灣海峽，南近嘉南平原，東邊則互八卦台地。冬天最大的雨水來源——東北季風造成的地形雨，因受

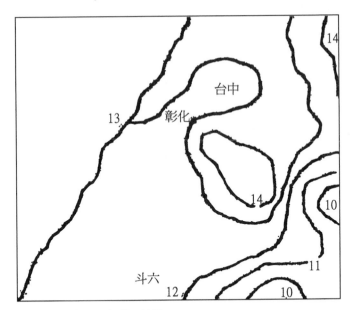

圖二十三　彰化縣年等溫線圖。

圖二十四　彰化縣月平均溫度年較差圖。

中央、雪山山脈阻隔，處於背風側，故本縣在冬季乾燥無雨，形成連續之乾季。

本縣大部分的雨量來源是從五月至九月間，因氣旋形成的氣旋雨與西南季風所帶來的對流性降雨，此時期為本縣雨季，佔整年雨量的十分之八至九，東半部年平均總降雨量約一七一三公釐，主要影響降雨之因素為夏季西南季風、梅雨（滯留鋒）及颱風，各月平均降雨量在十六‧九公釐以上；十月至翌年三月為乾季，各月平均降雨量多低於一○○公釐；西半部全年年平均降水量為一四五三公釐，以六月二五二‧六公釐最多，而以十一月十二‧○公釐最少（表二、表三）。

（三）相對溼度

相對溼度為某溫度下現有水汽壓以及飽和水汽壓之比，是氣候學上用來表示空氣中的乾濕程度之專有名詞。其計算公式為現有的水汽壓除以飽和水汽壓再乘以一百之百分比。而根據計算出來的結果顯示，本縣受海島型氣候影響，空氣中濕度甚高且濕度變化不大，東半部年平均相對濕度七十九‧九％，最小值在十月為七十六‧九二％，最大值在六月為八十一‧九○％；西半部介於七十四‧七％~七十八‧七％之間，十年之年平均相對濕度為七十六‧七％。本縣東部的相對溼度大於西部的相對溼度，與年平均雨量的分布相當，也就是說本縣內部不同的雨量分布也影響了其相對溼度（表二、表三）。

（四）降雨日數

本縣東半部年平均總降水日數約一二二日，五月至八月降水日數最多，各月在十三日以上；十月最少，平均為三日；西半部年平均降水日數約九十四‧六天，其中以八月份十一‧三天為最多，而以十一月份最少，平均約有二‧六天。

表二：彰化縣東部地區氣候資料統計表（台中氣象站）

項目 月	平均溫度 (°C)	平均最高氣溫 (°C)	平均最低氣溫 (°C)	降水量 (mm)	降水日數 (天)	相對溼度 (%)	氣壓 (mb)	平均風速 (m/s)	風向	日照時數 (hr)
1月	15.84	22.03	11.67	33.38	7	78.94	1008.65	1.62	N	172.00
2月	16.13	21.92	12.28	68.83	10	80.92	1007.83	1.61	N	142.15
3月	18.73	24.23	14.86	97.62	12	80.84	1005.91	1.59	N	150.70
4月	22.42	27.49	18.54	125.47	11	80.95	1002.88	1.55	NNW	130.04
5月	25.52	30.27	21.87	224.79	13	80.91	999.82	1.54	NNW	155.45
6月	27.12	31.76	23.54	370.44	16	81.90	998.00	1.59	SSW	173.69
7月	28.10	32.86	24.36	269.53	15	79.94	996.96	1.59	S	197.55
8月	27.71	32.45	24.19	323.31	16	80.94	996.10	1.54	SSW	180.32
9月	26.90	31.94	23.17	139.91	9	79.64	929.26	1.57	E	167.91
10月	24.23	29.96	20.10	18.12	3	76.92	933.27	1.58	N	203.93
11月	20.92	26.99	16.74	16.93	4	77.90	936.23	1.61	N	178.29
12月	17.54	23.62	13.24	24.84	6	78.94	938.44	1.64	N	183.92
年平均	22.60	27.96	18.71	–	–	79.90	979.45	1.59	N	–
合計	–	–	–	1713.17	122	–	–	19.03	–	2035.95
期間	1897-2001	1897-2001	1897-2001	1897-2001	1897-2001	1897-2001	1988-2001	1988-2001	1999	1988-2001

註：資料來源：氣候資料年報及氣象資料彙編，中央氣象局。

表三：彰化縣西部地區氣候資料統計表（梧棲氣象站）

月 項目	平均溫度 （°C）	降水量 （mm）	降水日數 （天）	相對溼度 （%）	氣壓 （mb）	蒸發量 （mm）	雲量 （0-10）	平均風速 （m/s）	風向	日照時數 （hr）	全天空輻射量 （MJ/M²）
1月	16.3	32.0	5.6	77.0	1016.5	64.3	4.9	6.0	NNE	153.4	226.4
2月	16.3	79.3	8.8	78.7	1015.8	61.7	5.6	5.9	NNE	120.5	208.5
3月	18.9	94.5	9.4	78.1	1013.2	80.5	5.7	4.9	NNE	126.3	255.2
4月	22.7	108.3	10.0	77.7	1010.6	93.4	5.7	4.2	NNE	148.2	306.4
5月	25.6	248.1	10.6	77.6	1007.0	111.8	5.5	3.5	NNE	169.7	343.0
6月	28.2	252.6	11.2	77.8	1005.1	130.0	5.4	3.7	SSE	186.9	354.4
7月	29.2	210.7	10.1	76.2	1003.0	153.7	4.8	3.5	SSE	227.1	380.3
8月	28.9	225.7	11.3	77.1	1004.0	136.6	4.8	3.3	SSE	219.9	369.9
9月	26.2	123.9	6.2	74.7	1006.2	123.9	4.0	4.4	NNE	202.5	318.0
10月	24.8	31.2	3.7	74.9	1010.6	113.6	3.6	5.7	NNE	205.0	292.1
11月	21.6	12.0	2.6	74.9	1013.7	81.2	4.0	5.7	NNE	162.4	221.3
12月	18.3	35.7	5.2	75.8	1016.9	73.3	4.6	6.5	NNE	147.3	194.5
年平均	23.1	—	—	76.7	1010.2	—	4.9	4.8	NNE	—	—
合計	—	1453.8	94.6	—	—	1223.9	—	—	—	2069.3	3470.0

參考資料：中央氣象局，氣候資料年報，民國83～92年；氣溫統計年份為民國前14年至民國92年。

註：雲量單位採十分法（即以10為滿雲量，日平均雲量在0.0～0.9者為碧空，1.0～5.9者為疏雲，6.0～9.0者為裂雲，9.1～10.0者為密雲）。降水量統計年份為民國前14年至民國92年。日平均雲量，

（五）氣壓

　　本縣東部年平均氣壓約九七九百帕，一年之中以夏季之氣壓最低，介於九二九～一○○八百帕之間；冬季氣壓較高，在一○○○百帕以上；西半部全年各月份之氣壓介於一○○三百帕至一○一六百帕之間，夏季之氣壓低於冬季之氣壓，惟變化幅度不大（表二、表三）。

（六）風速

　　本縣東半部年平均風速爲一・五九 m/s，風速介於一・五四～一・六四 m/s 之間，以十二月之測值一・六四 m/s 爲最高。受季風之影響，全年之風向以北風最多；西部地區自九月起至翌年五月之盛行風向爲北北東風，僅六月至八月以南南東風爲盛行風，全年平均風速爲四・八 m/s，其中以十二月份平均風速六・五 m/s 爲最大，而以八月平均風速三・三 m/s 爲最小（表二、表三）。

（七）日照時數

　　本縣全年陽光普照，東半部總日照時數約二○三五小時。以十月日照時數最高，爲二○三小時；冬季晝短，各月日照時數在一三○至二○三小時間；西半部合計日照時數爲二○六九小時，其中以七月份日照時數爲二二七小時最高，而以二月份日照時數一二○小時最低（表二、表三）。

（八）颱風

　　台灣地處太平洋西部邊緣之海島，每年夏秋多爲颱風所侵襲，根據中央氣象局全球資訊網站之資料，由民國前十五年至民國九○年間共一○五年間，平均每年有三至四次颱風侵襲台灣，颱風發生頻率以七、八、九月爲最多，最早曾發生在四月，最晚亦可能於十一月（表

表四：民國前十五年至民國九○年颱風侵襲台灣各月次數

月份	四月	五月	六月	七月	八月	九月	十月	十一月	全年
次數	2	13	28	91	112	83	30	8	367
平均	0.02	0.12	0.27	0.87	1.07	0.79	0.29	0.08	3.51

資料來源：中央氣象局全球資訊網（http://www.cwb.gov.tw）。

註：次數計算以颱風中心在台灣登陸，或雖未登陸，僅在台灣近海經過，但陸上有災情者。

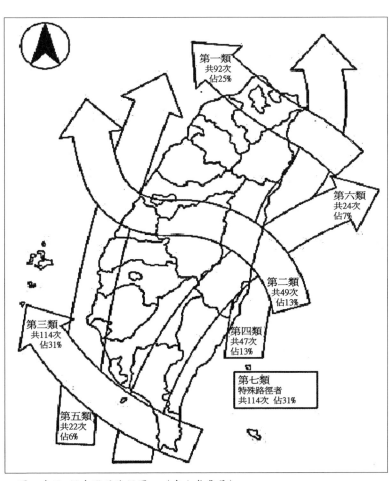

圖二十五　侵台颱風路徑圖。（中央氣象局）

四）。由歷年之記錄統計，侵襲台灣之颱風路徑分為七種（圖二十五），本縣位中部地區，因為中央山脈屏障，除第二、五類颱風出現的風力較強烈外，其他各類颱風出現的風力多不太強，平均每年發生〇‧六八次。

（九）空氣品質

　　行政院環境保護署於本縣有多個連續自動空氣品質監測站，以下茲以位於彰化市之彰化測站（位於中山國小）及二林測站（位於萬合國小），概述本縣之空氣品質，然各地區受限於附近工廠及盛行風風向所影響，空氣品質會因時因地而異，此二測站資料如表五所示。

　　依據環保署出版之「中華民國台灣地區空氣品質監測報告」，彰化及二林監測站由民國九〇年六月至九一年五月之各項污染物平均值如表六所示。由表中可知，彰化站之SO_2月平均濃度為四‧五三〇ppb，NO_2月平均濃度為二四‧八三九ppb，O_3月平均濃度為二一‧

表五：環保署空氣品質彰化、二林觀測站基本資料

測站名稱	彰化站	二林站
測站種類	大氣	大氣
監測項目	SO_2、CO、O_3、NO_2、HC、PM_{10}	SO_2、CO、O_3、NO_2、PM_{10}
測站環境　總高度	14.75m	11.74m
最近物距	77.96m	36.4m
最近樹距	22.49m	15.41m
採樣口氣流角度	360°	360°
採樣口高度	16.35m	13.31m
周圍建物平均高度	28.71m	8.25m
主要道路最近距離	25m	60m

資料來源：行政院環境保護署，中華民國台灣地區空氣品質監測報告（90.06-91.05）。

六一〇ppb，CO月平均濃度為〇・七四〇ppm，PM₁₀月平均濃度約為六六・〇三六 µg/m³、二林站之SO₂月平均濃度為二・八九八ppb，NO₂月平均濃度為一四・一四四ppb，O₃月平均濃度為二五・五三四ppb，CO月平均濃度為〇・三五七ppm，PM₁₀月平均濃度約為七〇・九八三 µg/m³；由於本縣之各項汙染物平均值均低於空氣品質標準，因此本縣之空氣品質狀況尚屬良好。

表六：環保署空氣品質彰化、二林觀測站各項汙染物月平均值

項目 年月	SO_2 (ppb)		NO_2 (ppb)		O_3 (ppb)		CO (ppm)		PM_{10} ($\mu g/m^3$)	
	彰化	二林	彰化	二林	彰化	二林	彰化	二林	彰化	二林
90年6月	3.501	1.640	17.836	9.734	16.880	18.890	0.583	0.296	33.107	48.091
90年7月	4.289	1.003	17.418	8.885	18.284	19.476	0.581	0.300	36.876	49.028
90年8月	5.121	1.056	18.775	10.098	21.817	20.910	0.589	0.310	46.980	53.960
90年9月	3.849	1.372	21.685	10.561	19.975	24.114	0.664	0.336	42.893	58.344
90年10月	5.530	3.510	29.239	17.543	21.734	30.545	0.812	0.395	79.633	61.569
90年11月	5.488	3.972	30.546	17.335	23.062	32.828	0.771	0.421	80.460	84.579
90年12月	4.791	3.450	29.477	17.944	17.750	22.380	0.868	0.450	91.067	82.379
91年1月	5.031	4.601	31.201	19.880	19.214	22.171	0.857	0.488	88.504	87.028
91年2月	4.385	3.014	27.202	15.876	25.482	29.566	0.792	0.408	75.477	74.434
91年3月	3.274	4.116	26.690	15.212	26.249	30.198	0.785	0.346	97.078	102.802
91年4月	4.274	3.918	23.992	14.829	21.377	23.974	0.799	0.228	61.430	74.471
91年5月	4.829	3.126	24.001	11.826	27.490	29.797	0.778	0.305	58.922	75.105
平均	4.530	2.898	24.839	14.144	21.610	25.534	0.740	0.357	66.036	70.983
空氣品質標準	100		50		60※		9※		125	

資料來源：行政院環境保護署，中華民國台灣地區空氣品質監測，（90.06-91.05）。

註：1.月平均值係指一月內各日平均值之算術平均值。

    2.※號表示為八小時值。

三、風頭水尾——鹿港

鹿港鎮隸屬彰化縣，位於彰化平原西北邊，鹿港溪口北岸，北緯二十四度至二十四度一○分，東經一二○度二二分三○秒至一二○度三○分。東接秀水鄉，西瀕臺灣海峽，南以鹿港溪與福興鄉爲界，北以番雅溝與線西鄉、和美鎮爲界，是本縣也是全台灣一個著名的文化古鎮。

鹿港全盛時期與當今的台南、萬華並譽爲台灣三大門戶，有「一府、二鹿、三艋舺」之說。鹿港曾是帆影重重、萬商雲集的港口，也是人文薈萃、文風馳譽的城鎮。

走在鹿港的街上，不難發現氣候對該小鎮所造成的影響，例如在鹿港街鎮核心的店屋，這些長條型的店屋門面都很窄，大約只有四尺半，但是進深非常狹長，最長約有七○公尺，此即爲了防禦及阻擋海風的入侵（莊展鵬，1992）。

鹿港號稱「風頭水尾」，除了旱澇不時，冬季強勁的東北季風，常常刮的人受不了。鹿港每年九月即開始吹起東北季風，隨著冬季的來臨，風速不斷增強。由於季風吹經台灣海峽造成「弄堂效應」的助長，十一月至次年一月常出現秒速超過十公尺的強風，月平均風速也都在每秒六公尺以上，鹿港鎮耆老稱之爲「九降風」。由於鹿港鎮冬季本來就少雨，九降風加速水份的蒸發，使土壤更形乾燥，機械風化作用盛行。沿海農民必須廣植防風林，以避風害，保護作物。

另一方面：颱風雖是鹿港鎮夏季雨量豐沛的重要因素，但伴隨而來的強風豪雨，也常帶來大小不等的災害，致使農家蒙受損失。

鹿港鎮氣候，屬於冬乾溫帶氣候（cwa），具有夏季炎熱、冬季不冷、年溫差小、雨量集中、乾季明顯等特色。一年平均降雨量雖超過一千公釐，但夏雨多乾的現象非常明顯：五至八月四個月的降雨量平均佔全年約三分之二以上，而十至十二月三個月則只佔全年降雨量的十三分之一。

因梅雨期通常在五月下旬至六月上旬，故六月的月平均降雨量最

高。六月與十一月的月平均雨量，甚至曾經相差三十多倍。夏雨集中的原因，主要是夏季季風和颱風所帶來的豐沛水汽。冬季乾旱則由於東北季風盛行時，鹿港鎮位於雨影地帶，缺乏水汽。春耕缺水，是鹿港鎮常有的現象，一九二三年（大正十二年）十月二日至一九二四年二月十七日，甚至創下連續一〇六天不下雨的記錄。

透過鹿港的氣候瞭解，我們可以對彰化濱海地帶的氣候有更深刻的體會。大體而言，彰化地區屬於溫暖多雨的氣候，夏天普遍炎熱，而越往東地勢越高處，及越往北緯度越高時，氣溫越低，七月等溫線受到地形因素的影響最大。冬天則北部溫度低於南部，一月等溫線除了受地形的影響外亦受到緯度的影響。雨量方面則台地多於平地，且北部多於南部，主要受冬季的東北季風與夏季的西南季風之影響。

4 水文——生活必需的資源

　　每天一打開水龍頭，流出來的就是「水」，水在日常生活中是絕對不可能缺少的必需品。人每天都要喝水，也要用水烹煮食物，同時利用水清洗污穢；水亦可使用在發電、種植農作物、養殖生物；除了對於水的需求之外，在所有生物中也必定含有水分，動物身上約有七〇％的水分，而植物身上約有四〇～六〇％的水分，水在生物體內傳遞養分，並排出代謝物，帶給生物維繫生命的活力。所以，水對於所有生物而言是非常重要的。水在地球超過三十億年生物演化史中扮演重要的觸媒，生命的泉源；而森林是水的故鄉，河流是孕育人類文明的搖籃，水也是形塑大地的主宰因子之一。

　　水的來源與循環是從海洋、湖泊或地表水受到太陽照射蒸發之後，在高空經過溫度變化冷卻作用，再經風力的推波助瀾凝結以後，像雲雨霧一般的小水滴，匯聚成大水滴，成為雨水，降落到地面上，經過這樣的水循環，水在空中與地面上來回。地球上的水九十七％以上存在於海洋與內陸海當中，這些鹹水是無法直接在日常生活中使用的；另外有二％的水分布於兩極的冰帽和高山冰河中，要使用這些水源必須經過複雜的處理，故人類真正可使用的淡水資源還不到一％，上述的水資源之外，九十五％是地下水，如果以河川、湖泊、水庫等人類可直接使用的水源來計算，約只占地表總水量的〇・〇〇七％，所以降水之水資源對人類來說十分重要。

　　自古以來人類與水共存共榮，西亞兩河流域古文明的發展、中國長久以來黃河、長江文化、台灣淡水河口南岸的十三行遺址，皆是先民在數千年前逐水而居的例證。從農業的觀點來看，早期為了開墾平原土地在低窪地區挖掘埤塘、水池蓄水，再開鑿水圳連接埤塘，如八堡圳、瑠公圳……等等，都是先民為發展農業所興建之水利工程。水對人類生活帶來益處，同時也帶來災害，當水患來臨時，居民家園被

沖毀的一刻，就是大自然帶給我們過度開發的教訓，如此，我們怎能不更深自警惕，對環境抱持敬畏的心，進行保育活動，愛惜珍視我們的土地與水源呢！

第一節　台灣水資源與水利設施概述

一、台灣水資源

　　台灣的降水受到地理環境與季節氣候影響甚鉅，雨量主要集中在每年夏季與秋季（五月至十月），占全年雨水總量七十八％，而每年十一月至隔年四月就是長達六個月的枯水期。台灣的雨量大多由颱風所帶來。據統計，全球每年約會形成七十九個颱風，近十年來平均台灣每年會受三到四次颱風侵襲，時間集中在七、八、九月份。因此，台灣水資源豐枯季節差異相當大。

　　台灣島上人民的農業發展、育樂活動、文化發展皆與「水」密切相關，如利用山林設置的國營森林遊樂區有三十餘處，民營遊憩區有一百餘處，高爾夫球場有八十座，林務局也準備將所屬的十餘處森林遊樂區委託租給民間經營，擴大經營規模，開辦新型態的渡假休閒業務，試圖吸引更多遊客。然而山道上絡繹不絕的遊客將垃圾與汙染帶上山，當豪雨來臨之際，這些污染源就隨著雨水流入河川、湖泊與水庫。根據一九九九年河川水監測報告，國內五十條主次要河川，超過三成三的河段水體已受到汙染，環保署為整治污染源，積極推動飲用水質保護綱要計畫，並著手改善高屏溪、淡水河、頭前溪、大甲溪與曾文溪等五大流域居民飲用水質。初期先改善河川髒亂狀況、建立親水空間、美化環境，最終要求希望水質改善達成率達到六成。

二、水利設施

　　台灣年平均雨量高達二五〇〇公釐，約為世界平均值的二‧六倍，但因河川長度短小、流速湍急、山坡坡度陡峭，無法將雨水留在

河川與土地之中，約有四十六％的雨水直接流入大海；而且降雨的時空分布不均，居住人口稠密，因此每人實際可分配的雨水量約為世界平均的八分之一，屬於缺水的國家。為了保存得來不易的雨水，在台灣本島與周邊主要島嶼上，共有一一一座水庫堰壩，加上施工中與規劃中的水庫堰壩總共有一三一座，其中主要水庫有四十座，蓄水總容量為二十七億立方公尺，有效容量約二十三億立方公尺。然而以一九九○年到二○○○年為例，平均總用水量約一八一億噸，其中農業用水占七十五％，生活用水占十六％，工業用水占九％（柯金源，2004）。

　　台灣島地質年代短，集水區上游山區地質脆弱，要找到兼具蓄水、防洪、發電、灌溉、調節水量與觀光功能之優良水庫壩址實在不容易。加上地方政府結構、環保教育意識、民意反對與物價波動等因素，新建水庫的成本越來越高。台灣水庫興建的型態可分為在槽水庫與離槽水庫兩大類。在槽水庫如翡翠、石門、德基、曾文等水庫，是在河川主流上建造大壩，攔截河川，存蓄水源，優點是可以有效調節集水區的水資源，缺點是淤積量大，且會破壞河川生態，並影響主流河口的海岸穩定性。

　　水庫的功能主要在給水、灌溉、發電、防洪、觀光，但其功能也隨著時代不斷改變，一九五○年以前的農業社會，灌溉水源占98％左右；一九六○～一九七○年代基礎工業發展，進入農業扶植工業與水利發電階段；一九七○年以後，十大重要建設興築，工業蓬勃發展；1980年代後，服務業產值已超過五○％，民生與工業用水比例也逐漸提升。從供給面看水庫功能，台灣島上之自來水源有三分之二來自水庫的蓄水資源；水力發電是太陽能與風力發電外，較環保的發電方式，目前台灣有三十多座水力發電廠，東部花蓮的木瓜溪、壽豐溪、立霧溪就設置了十餘座水力發電廠，發電量約十多萬千瓦，對東部的電力調節幫助很大；另外，水域遼闊、風光秀麗的水庫也兼具觀光休閒的功能，但集水區遊憩活動如管理不善，也會對水庫造成負面

的影響。如翡翠水庫自營運以來，水質一直維持一定水準，直到一九九五年水庫中的營養物質增加，造成水質呈貧氧狀態，同時還發現內含毒素的微囊藻，翡翠水庫集水區內的汙染問題才逐漸受到重視。據統計資料，翡翠水庫在一九九八年底的總淤積量已達一五○○多萬立方公尺，尤其北宜高速公路施工路段部份位於水庫集水區上游，工程廢土、裸露邊坡與山坡地農業耕作對水庫造成非點源污染，使淤積量暴增；而每年近三○○萬人次湧入水源保護區內觀光遊憩，與約一○○○公頃茶園施灑農藥、肥料，經豪雨沖刷進入水庫，則使水質由貧氧惡化到優養化（柯金源，2004）。

水庫與自來水廠水質惡化的原因包括：生活污水、工業廢水、畜牧廢水……等等。而集水區內無規範居住人口數造成的家庭汙水使水資源產生第一次污染；假日遊客嚮往到集水區內的好山好水，進入進行觀光休閒活動，也造成環境壓力；集水區過度農業開墾，使土壤流失、水庫淤積嚴重，水資源調節功能喪失；公路開闢、住宅區濫建、高爾夫球場違規開發也使集水區大規模破壞；水族放生活動導致外來魚種改變水庫原有生態……等等。

根據經濟部水利署規劃，為因應乾旱問題，短期將開發地下水源來應急，並採取農田休耕與水量總量管制的限水措施，中期將增建平原水庫，長期應節約並回收再利用水源。

為了維護水質，政府劃定約九九○二平方公里，約占全國四分之一面積的水源水質保護區，同時訂定了相關法令與罰則，但各級政府並未認真嚴格執行，山坡地濫墾、濫伐使泥沙淤積量增加，水庫壽命減短、調蓄水源功能降低；污染源增加，使優養化問題嚴重，因此台灣缺水與維護水資源之問題更需要我們費心了解與改善。

第二節　河流

河流輸送著天上掉下來的水，一路上，伴隨著侵蝕、堆積等雕塑

大地的工程，進行地表的刻劃。如果說，大地是孕育生物的母親；而河流就是輸送養分、滋養細胞不可或缺的血管。河流提供了人類日常生活所需要的水分，也讓野生動植物（包括魚類、蝦類、兩棲類、水生昆蟲、藻類）棲息、攝食或繁衍，對人類及生態系統中的生物十分重要，透過水循環的過程，生態系統中的離子、金屬物質、有機鹽可以透過土壤吸收、分解或利用，在這之中，濕地所扮演的角色是十分重要的，透過濕地可以淨化水質，並孕育豐富多樣的生態系。河流生態系在水循環中是極為重要的一環，它的生態特性反應陸域環境的自然特徵與人為環境對於河流的影響。

一、河流的地形作用

水相對於土壤是那麼微不足道，但滴水穿石，河流也悄悄地改變地表形貌。河流的地形作用主要分為三類：侵蝕、搬運與堆積。河流的侵蝕作用有兩種主要的方式：一種是流水本身對河床或河岸的沖刷；一種是流水因水底地形的變化而造成的渦流，進而捲起水中的砂石，以此砂石撞擊、磨耗河床或河岸，使河床、河岸的物質崩解、掉落。從第二種方式可發現，河流的侵蝕作用與河流的搬運作用是有關聯性的（林孟龍、王鑫，2004）。

（一）河流的侵蝕：

河流的侵蝕作用具有「方向性」，主要分為以下三種（林孟龍、王鑫，2004）：

1. 向下侵蝕：又稱為「加深作用」，是河水將河床不斷向下挖深，山脈中的河谷就是如此產生。伴隨著河流下切，在山中留下侵蝕性的地貌，如河谷、河谷中侵蝕性的河階、岩石河床、壺穴、瀑布下的深潭、穿越山脈的曲流。

2. 向源侵蝕：又稱為「加長作用」，雨水匯聚成水流後，侵蝕力也隨著增加。水流匯聚的過程，加上長時間的累積逐漸把河流

的源頭往上遷移；或是下大雨時，河流的源頭暫時性的向上游變動，這個過程可能會加快河流向源侵蝕的速率。

3. 向緣侵蝕（向側侵蝕）：又稱為「加寬作用」，主要是因為河水不斷向水平側挖鑿河岸，曲流和牛軛湖是最有趣的例子。曲流主要是以側蝕作用為主，由於上游的水衝擊某一河岸側邊，使此側河岸受到侵蝕，而相對的另一側則進行堆積作用，長久之後，這段河道越來越彎曲，最後形成「曲流頸」景觀。而河水依舊繼續侵蝕，使上下兩端的河段日漸靠近，一旦水流穿過河流上下兩端的障礙物後，大部分的河水開始轉而流向新河道，而舊河道會慢慢淤積，或失去下切能力而高於新河道，終至與原來的河道切斷關係，形成「牛軛湖」。

（二）河流的搬運

搬運作用以水為介質，水流的速度決定了搬運作用的強弱，河床的坡降、河道的寬度、河床物質的粗糙程度皆是影響河水流速的因素。河床的坡降會影響到釋放水流位能的快慢，進而影響水流速度。河道的寬度變化會影響河水的深度。河床深度與河床內的物質粗糙度會影響河道摩擦力的大小。

河流的搬運作用主要根據土壤礫石的粒徑分為推移、懸浮與溶解等三種方式搬運物質，當水流的流動速度不同就會影響到物質的運動方式。推移作用在較大的卵石、礫石或細沙，因無法懸浮在水中，只能以滾動、跳動、滑動的形式向下游方向移動。懸浮則是將懸浮在水中的物質向下游移動。溶解則是可溶解的物質溶於水中，被河水帶往下游。

（三）河流的堆積

當河床的坡度減小、河川流量減少、河谷加寬或是河道上出現障礙物的時候，河水搬運的能力銳減，於是在河床產生堆積作用。促使

河流發生堆積作用的原因有三：

1. 流速減小：當流速減小時，河道可搬運的物質數量也相對減少，無法搬運的物質就會停留在河谷當中。

2. 流量減小：由於河流流經乾燥地區，亦或此段河道引水灌溉，使水流變小，在這些地方都容易產生堆積作用。

3. 搬運物增加。

二、河流生態系

　　河流這美麗的綠色緞帶並不單指有水的區域，「河流生態系」中包含陽光、空氣、水體、岩石、土壤，與生長在河流與河岸的植物、動物、微生物。河流生態系由於河床坡降的陡緩、河床底部堆積物質的粒徑、河水深度的差異、河道寬窄不一，使不同地點河流的水溫、水流速度、光線穿透的情形都不一樣，生存在此段河流當中的動、植物與微生物也不同。不同河流與不同河段之河流生態系，將會組成十分豐富的生態環境。

　　在教育部國民中學環境教育叢書裡，有一段描述「青青河邊草」這一句諺語，可以讓我們體會河流生態系之美：在河畔的岩石上，我們常可見到一些地衣及苔蘚類植物，這些水邊的陪客常與河水中多樣的綠色水生植物，相互輝映。而且這些多樣性的綠色水生植物點綴於河流中，不但豐富了生態系的食物資源，也為大自然的藍天與青山，增添了幾許綠意。

　　在河谷間，常有大自然的精靈 —— 水鳥，在山澗中雀躍、輕鳴，為流水譜出悅耳的生命樂章。

　　而在河流中，更有許多水生動物，有如流水席中形形色色的美宴，牠們是許多大型脊椎動物的主要佳餚，不僅牽動著河流生命網上其他的成員，同時也為河流演出了脫殼及羽化這般奧妙的自然生活史，尤其在激流中溯游而上的魚兒們，就像是一群拼命戲水又躲藏的

自然頑童，動畫了河流多彩多姿的生命。

　　試著遙想一下，這樣的生態系是多麼的健康；這樣的美景是不是讓我們非常嚮往呢？

第三節　彰化縣的河流

　　大肚溪的南岸堤防，跟濁水溪的北岸堤防，像兩道圍牆般地圍出咱們彰化縣的南北邊界，東邊的八卦台地永遠比彰化縣民更早迎接日出，也是最「安定」的邊界，原因是它不像西邊的海堤，數百年來辛辛苦苦逐年淤沙的彰濱海岸，一夕之間滄海桑田，竟然填出了遼闊的彰濱工業區，光是彰濱工業區筆直畫向天際的大馬路，窮目望去就會讓人放棄想徒步走到海邊的念頭。

　　以下就以本縣的河川作一介紹：

一、濁水溪

　　濁水溪長一八六‧四公里，流域面積四三二四平方公里，是台灣最長也是流域面積最大的河流。

　　濁水溪發源自合歡山與合歡東峰之間的武嶺（海拔3,275公尺），與流經盧山的塔羅灣溪、馬海僕溪匯流後，流入霧社水庫。續往下流，與萬大溪交會，至武界附近開始往南流，匯集卡社溪、丹大溪與郡大溪等支流後，開始往西流，與陳有蘭溪相會於龍神橋，自此水勢大增，在二水流出山地，進入平原。

　　濁水溪由發源地到達入台灣海峽之河口，平均坡降一‧七二％，其中位在本縣南界的一段（鼻仔頭至河口）較平緩，為○‧二三％（圖二十六）。平均流量六○九四‧七六百萬立方公尺／年，在台灣各河川中居第三位，次於高屏溪與淡水河。平均輸沙量六三‧八七百萬公噸／年，居台灣河川之冠。因其上游流經的地層為多為板岩、硬頁岩，鬆脆易崩，故含沙量特大，水呈混濁，而得濁水之名。

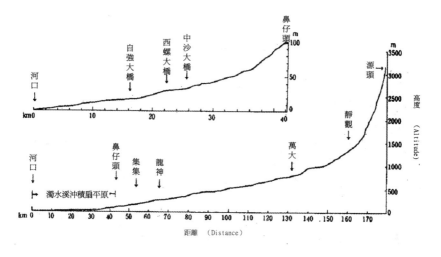

圖二十六　濁水溪主流縱剖面圖（張瑞津，1985）

　　目前濁水溪中上游地段設有多處水庫與發電廠，包括霧社、日月潭、頭社三座水庫，另有萬大、大觀一廠、二廠、明潭、鉅工等發電廠，形成完善的水力發電系統。

　　根據濁水溪上的自強大橋水文站紀錄，年平均流量爲一三三‧〇三CMS（每秒立方公尺），在台灣各水文站中，僅次於高屏溪的高屏大橋站。最大日平均流量爲三八八〇CMS，最小日平均流量爲零，顯示洪、枯流量相當懸殊。

　　濁水溪沖積扇平原北起大肚溪之南的洋仔厝溪，南迄舊虎尾溪，面積廣達一三三九平方公里，爲台灣最大規模的沖積扇平原，扇頂高度約一〇〇公尺，扇之半徑約四〇公里。沖積扇上有五條主要的分流，分別是東螺溪、西螺溪、新虎尾溪、舊虎尾溪與虎尾溪。而濁水溪沖積扇平原爲台灣最具規模早期引水灌溉之地，八堡圳自清代開始修築，以濁水溪的水源灌溉二水到鹿港的土地，之後八堡二圳亦陸續興建。毫無疑問，由於地質條件的配合，以及充沛的雨量、流量，造成濁水溪沖積扇平原也是本縣地下水蘊含豐富區。

照片二十三

　　濁水溪河口附近地形開闊，坡度平緩，水流分歧，為網流狀水路（照片二十三），因此流入海的主要水流常常會改變，通常主要以靠近右岸的水路為主，河口附近有許多河中沙洲，海岸也多沙丘地形，可作為濁水溪下游流速緩慢、堆積旺盛的佐證。

二、大肚溪

　　大肚溪又名烏溪，主流長一一四‧一公里，為台灣第六長河，流域面積二二四〇平方公里，則居台灣第四位。

　　大肚溪發源於合歡山西南坡（海拔2,800公尺），主流北港溪流經惠蓀林場，至國姓北方合併水長流溪，於國姓南方會合南港溪後，稱烏溪。南港溪的源頭在魚池盆地，流至埔里盆地有眉溪注入。烏溪流經雙冬時，從草屯北方進入台中盆地，在盆地最低處烏日附近，形成一個大型沖積扇。烏日附近，南邊有貓羅溪，東邊有大里溪，北邊有筏子溪匯合，匯聚之後為狹義之大肚溪，為本縣北邊界線。

照片二十四

　　大肚溪平均坡降二‧四五％，下游段坡降〇‧二八％。平均流
量三七二六‧九三百萬立方公尺／年，平均輸沙量六‧七九百萬公噸
／年。大度橋之年平均流量一一六‧五五CMS，最大日平均流量七
二五〇CMS（照片二十四），在台灣各水文站中，僅次於高屏溪的高
屏大橋站。最小日平均流量為〇‧五八CMS，亦顯示洪、枯流量的
懸殊。月平均、最大月平均與最小月平均流量均以六月最大，此與梅
雨有關。月平均、最大之月平均與最小之月平均流量的最小值則分別
在二、一、四月（表七）。

　　大肚溪切穿大肚台地與八卦台地後，形成和美沖積扇，而後在本
縣伸港鄉北方注入台灣海峽，河口處水流豐富且河道較深，退潮時，
兩岸少見堆積之泥沙露出，只有河口有灘面出露。大肚溪口為亞洲四
大濕地之一，面積廣達三〇〇〇多公頃，海域、潮間帶、河流、沙
洲、泥灘、農耕地、漁塭、池塘都在寬廣的海陸交界地帶，同時也是
水鳥棲地，最著名的就是瀕臨絕種的黑嘴鷗。這裡除了是水鳥棲息的

表七：大肚溪大度橋水文站流量統計

統計月別	月平均	最大之月平均流量（CMS）	最小之月平均
一月	49.8	132.87	20.96
二月	46.28	213.16	16.41
三月	59.67	270.23	16.28
四月	60.30	161.08	13.63
五月	141.77	280.42	14.43
六月	299.24	579.47	53.73
七月	182.08	568.87	24.18
八月	221.68	436.29	44.46
九月	152.03	554.23	53.23
十月	75.69	153.16	27.59
十一月	60.71	160.70	26.89
十二月	58.13	141.10	23.29

資料來源：水資會，台灣水文年報

濕地外，還有台中火力發電廠、彰濱垃圾掩埋場與彰濱工業區座落，這些與生物爭地的人類建築物，是破壞生態環境的兇手。

三、彰化平原之河川及埤圳

　　彰化平原的地表高程由東南向沿海方向下降（圖二十七），因此各主要河川（包括番雅溝排水、洋仔厝溪、員林大排水、舊濁水溪、明治排水及二林溪），由東南向西北流，舊濁水溪昔日為濁水溪之分流；洋仔厝溪與員林大排水皆源於八卦台地，順向流注於濁水、大肚兩溪沖積扇間之低窪地帶，其餘各溪均甚短小，且多源自平原地帶，目前這些河川受濁水溪本流興建堤防、沖積扇面上的土地開發、農業發展等的影響，形成平原上獨流入海的順向河，供灌溉、給水或排水之用。

　　表八列出彰化平原上各排水路及河川之幹線長度及集水面積，由

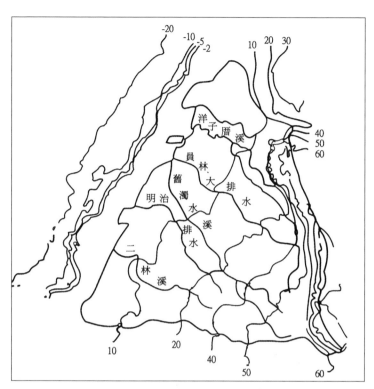

圖二十七 彰化平原河川及等高線圖（台南水工試驗所，1991）

表中可以發現員林大排水之集水面積最大（19,229 公頃），舊濁水溪（17,442 公頃）次之；幹線長度則以舊濁水溪（34,295 公尺）最長，員林大排水（29,000）次之。

灌溉引水及灌溉配水是彰化平原各水文分析調查項目中少數有紀錄的項目。本縣各灌溉埤圳的配水區域，以八堡一圳、八堡二圳及莿仔埤圳等三圳是屬於較大的排水系統，其灌溉渠道不僅錯綜複雜，而且三大系統之間亦相互以放水路輸水至另一灌溉系統。表九、十、十一，分別列出彰化平原上三大灌溉區及所屬之各埤圳名稱及灌溉面積。

從彰化平原水文分析調查項目中可發現，頭汴圳、溝廖圳及新圳

是直接引取洋仔厝溪排水,而洋仔厝溪排水在旱季時期大部分來自於八堡圳的放水或餘水;另外八堡圳灌溉區中一部分引水是直接取自濁水溪,而另一部份則取自舊濁水溪,由於舊濁水溪並沒有廣大的上游集水區,因此在旱季時期亦須仰賴八堡圳及莿仔埤圳的放水以提供灌溉水量。

　　由上述描述可以想像本縣,是稻穀豐饒的縣市,為了引水灌溉遍地農田,渠道蜿蜒在片片田野阡陌間,而在乾旱時節,各渠道配水與放水就成為最消耗管理者腦力與精力的問題,為了讓農民辛苦的耕作有收穫,水與土地的分配與安排,實見古今人的智慧。

表八:彰化平原主要排水概況表

排水路名稱	幹線長度 (公尺)	平地集水面積 (公頃)	山區集水面積 (公頃)	集水面積合計 (公頃)
六股排水	4,800	1,190		1,119
田尾排水	6,400	1,088		1,088
番雅溝排水	12,750	3,524		3,524
洋仔厝溪	14,850	11,280	5,047	16,327
員林大排水	29,000	17,559	1,670	19,229
舊濁水溪	34,295	17,442		17,442
明治排水	22,193	7,956		7,956
二林溪	11,944	6,323		6,323
魚寮溪	11,300	6,121		6,121
直接排海區	79,380	11,022		11,022
直排濁水溪	9,650	2,573		2,573
直排大肚溪	8,670	1,218	2,955	2,955
直排平林溪			1,165	1,165
直排東西圳		170	650	650

資料來源:台南水工試驗所(1991)引用自台灣省水利局「濁水溪平原彰化地區灌溉排水調查報告」。

表九：彰化平原「彰化灌區」灌溉系統概況表

埤圳別	渠道（公尺）				灌溉面積（公頃）	水源
	土渠	混凝土內面工	其他內面工	總長		
溪頭上坤	2,050		200	2,250	83	大肚溪
溪頭下坤	2,130		1,270	3,400	155	大肚溪
牛稠埤圳	1,915			1,915	65	大肚溪
竹林埤圳	2,385	465		2,850	58	大肚溪
番子田埤圳	1,756	880		2,636	55	大肚溪
東西一二圳	19,161	18,874		18,050	1,760	大肚溪
東西三圳	5,093	7,727	50	12,870	1,381	大肚溪
福馬江圳	5,002	2088		7,090	3,455	大肚溪
頭汴圳	1,344	1,506		2,850	968	八堡圳餘水及洋仔厝溪
溝廖圳	6,216	3,180		9,396	96	八堡圳餘水及洋仔厝溪
新圳	4,180			4,180	389	八堡圳餘水及洋仔厝溪
新埤舊圳	1,500			1,500	479	番雅溝排水

資料來源：台南水工試驗所（1991）引用自台灣省水利局「濁水溪平原彰化地區灌溉排水調查報告」。

表十：彰化平原「北斗灌區」灌溉系統概況表

項別 坤圳別	渠道（公尺）				灌溉面積（公頃）	水源
	土渠	混凝土內面工	其他內面工	總長		
莿仔坤圳	343	18,733	4,388	23,464	9,843	濁水溪
永基二圳	4,450	5,365		9,815	1,347	濁水溪
永基三圳	1,546	1,454		3,000	1,273	濁水溪
深耕二圳	5,288	2,000		7,228	1,283	濁水溪
深耕三圳	2,276	4,450		6,726	849	濁水溪

資料來源：台南水工試驗所（1991）引用自台灣省水利局「濁水溪平原彰化地區灌溉排水調查報告」。

表十一：彰化平原「八堡灌區」灌溉系統概況表

項別 坤圳別	渠道（公尺）				灌溉面積（公頃）	水源
	土渠	混凝土內面工	其他內面工	總長		
八堡本圳			1,454	1,454	20,170	濁水溪
八堡一圳	10,072	18,538	630	28,610	12,186	濁水溪
八堡二圳	8,605	6,286		14,891	7,824	濁水溪
菁埔圳	6,500			6,500	585	濁水溪
慶豐圳	6,000			6,000	311	濁水溪
大義圳	6,000	1,850		6,000	1,344	舊濁水溪
義和一圳	3,750	2,297		3,750	495	舊濁水溪
義和新圳	3,625			3,625	411	舊濁水溪
義和二圳	3,750	3,170		3,750	156	舊濁水溪
義和三圳	5,350	5,130	182	5,350	254	舊濁水溪
挖仔圳	6,000			6,000	110	舊濁水溪
泉成圳	6,250			6,250	519	舊濁水溪

資料來源：台南水工試驗所（1991）引用自台灣省水利局「濁水溪平原彰化地區灌溉排水調查報告」。

第四節　地下水

一、概況

　　本縣的地下水流自北而南大致如下：彰化、洋仔厝溪以北，大度橋以西，地下水大致向西流動，地下水源主要來自大肚溪河水滲漏。彰化、洋仔厝溪以南，舊濁水溪（麥嶼厝溪）以北，南自田中，向西北經員林、溪湖至鹿港，有鹿港溪氾流其上，地上水大致順地勢向西北流動，地下水源主要來自灌溉用水的滲漏。舊濁水溪以南，北港溪、舊虎尾溪以北，二水鐵路橋以西，是台灣地區最典型的沖積扇。地下水大致順地勢向西、西北、西南流動。地下水源主要來自濁水溪本流及其沖積扇面上的分流和灌溉用水的滲漏，所以地下水源最豐富。八卦台地西側，員林以北的北段，絕大部分為頭料山層香山相，其透水性差，地下水源少；員林以南的南段，大部分為頭料山層火炎山相，地下水源較多。

二、地下水分區

　　根據楊萬全（1989）由地形分類、地質分析、地層係數將本縣分為三個地下水域，分別為濁水溪沖積扇區、彰化隆起海岸平原區和和美沖積扇區。

（一）濁水溪沖積扇區

　　濁水溪沖積扇區範圍在二水鐵路橋以西、舊濁水溪以南、北港溪－舊虎尾溪本流以北，台灣海峽以東的區域。此區為濁水溪沖積扇平原的主體，其中北斗、溪州、西螺連成一線，萬興、二林、東勢、北港亦連成一線，組成的沖積扇平原，分為扇頂、扇央、扇端三區，地下水主要向西、西南與西北方向流動。扇頂區的地面上舊河道密佈，灌溉水、雨水容易滲透進入土壤，而地面下一五○～一七○公尺以內多為礫石，濁水溪水流入以後會大量滲漏，是地下水天然補注區。扇

央區地面上的舊河道逐漸分散，灌溉水、雨水有部分仍會滲透，但自由水已淺，以受壓水爲主，地層透水性尙佳。所以扇頂區流入的地下水和扇央區本身灌溉水、雨水的入滲是重要的地下水源，也是目前地下水源開發最多的地區。扇端在沿海地區，地面上的舊河道是流往台灣海峽的淺層水流，現河道包括舊濁水溪、萬興排水、二林溪、魚寮溪等均爲灌溉尾端用水、生活用水、豪雨的排水溝。西側台灣海峽沿海因有近年來開發的海埔新生地，鹽分含量高而且地層軟弱，當大量抽取地下水時，就容易引起鹽水化和地層下陷的問題。

（二）彰化隆起海岸平原區

彰化隆起海岸平原範圍約在鹿港溪以北，彰化、洋仔厝溪以南，八卦台地以西，大致南起田中，北至洋仔厝溪口，鹿港溪與洋仔厝溪泛流在此平原之上，自東南向西北流。本區沒有明顯良好的地下水天然補注區，但平原區東南部地面上的灌溉水、雨水、溪水均可滲漏，地下水主要向西北流動。

（三）和美沖積扇區

在彰化、洋仔厝溪以北，大肚溪以南，大度橋以西爲和美沖積扇區。大肚溪自台中盆地衝破大肚台地和八卦台地之間西流入海，下游的河道逐漸向北偏移，本區以大肚溪溪水的滲漏爲主要的地下水源，地下水向西流動。

三、水文地質

（一）富水層邊界

江崇榮等（1999）指出富水層邊界乃說明主要地下水層在水平方向上之分布界線。在本縣可利用圖二十八來闡述富水層之邊界，其中有明確地質條件配合者，較易釐訂邊界位置和特性，其餘則屬概念性之邊界。

　　本縣各富水層中以富水層二之厚度最大，顆粒徑最粗，由於是在末次冰期海水面最低期內沉積，因此沖積扇的半徑最大，規模是各富水層之冠、供水潛力也最高。圖二十八描繪富水層二分布的範圍，大致以沖積扇頂的觸口站附近為圓心、半徑六十五公里之圓弧形為富水層二之西側邊界；以車籠埔斷層（AB 段）和八卦山脈嶺線（GA 段）為東側邊界，北達烏溪，南迄朴子溪北岸。西側邊界是富水層二尖滅於阻水層中之位置，圖二十八中A 至 G 點各段邊界特性分述如次：

(1) AB 段：位於車籠埔斷層，在斷層以東，除河床表層厚十公尺之河道沉積礫石層有地下水伏流之外，餘均為透水及含水不佳之砂頁岩，屬於零流邊界（Non flow boundary）。惟位於此邊界上之濁水溪和清水溪河床伏流水量相當可觀，為側向補助地下水區之點源（Point source）。

(2) BC 段：本邊界位於濁水溪沖積扇之南側邊緣，富水層沉積物粒徑及厚度均顯著變小，然而並未完全尖滅，因此無實質之阻隔邊界，然而從地下水流網分布型態，顯示BC 段與地下水流線大致平行，本身即可認定為一條流線，故亦屬於零流邊界。

(3) CD 段：此段為富水層尖滅封閉於阻水層之位置，屬於零流邊界。

(4) DEF 段：本段與BC 段相似，富水層可向北延伸，而與台中盆地地下水系統相接，雖缺乏實質之阻隔，惟與地下水流方向大致平行，故視為零流邊界。EF 段位於和美沖積扇頂，河水可經河床入滲補注地下水。

(5) FG 段：本段邊界大致與地下水等位線平行，本身或即為等水位線，隨時間之不同其水位有升降的變化。

(6) GA 段：本段位於頭料山層中，為八卦台地之地下水分水線（Groundwater divide），故在邊界兩側之地下水，分別朝西或南流入濁水溪沖積扇，或朝東流入台中盆地南段或是貓羅溪中，因此GA 段屬於零流邊界。地下水分水線的位置會受台地上抽水或降雨入滲量多寡的影響，往東或往西遷移。

（二）地下水流概念模型

　　江崇榮等（1999）依據濁水溪地區在民國八十六年八月量測得的最高水位及八十七年四月測得的最低水位兩個月之平均水位，繪製成富水層二之等水頭線（Equipotential lines）及流線（Flow lines），構成全區之流網（Flow net），藉以展現地下水流在平面空間上之分布（圖二十八）。此外參考水文地質剖面圖及同時期各富水層水位的平均值，繪製水文地質及垂向地下水流網概念模型aa'（圖二十九）及bb'（圖三十）。

　　丘陵和河谷區之地下水位最高，為地下水流動的起始處，水由此等高區往低平之濁水溪沖積扇區滲流；丘陵之地下水位可達海拔一八〇公尺以上，沖積扇央及扇端則因超抽地下水，故地下水位低於海水面，超抽程度最嚴重的芳苑以南沿海地區之地下水位普遍在海水面以下十公尺或更深，故使沉降錐東西兩側之地下水均向沿海地下水超抽區滲流（圖二十八）。

　　圖二十九、三十顯示各富水層在西側尖滅，且封閉於阻水層中，而沖積扇區以彰化斷層與頭料山層相接觸，更往東為車籠埔斷層及砂頁岩分布區，車籠埔斷層是東側邊界之一部分。

　　圖二十九剖面aa'顯示八卦台地地下水分水線與背斜軸大體一致，台地上之地下水向東流入台中盆地或貓羅溪，向西則注入濁水溪沖積扇各富水層中。aa'剖面顯示海岸附近為地下水的超抽區，負等水頭線對稱分布於洩降中心之兩側，是重要之地下水輸出區（Discharge area）；台地及山麓沖積扇地下水位面（Groundwater table）最深，然而地下水頭（Groundwater head）最高，為地下水之補注區（Recharge area），降雨和灌溉應是主要的補注水源；基本上各富水層向西延展入海域後，均逐漸尖滅而封閉於阻水層之中，理論上海水雖可透過阻水層補注進入地下水系統，然而大部分之溶鹽則被阻隔而尚未進入富水層中。

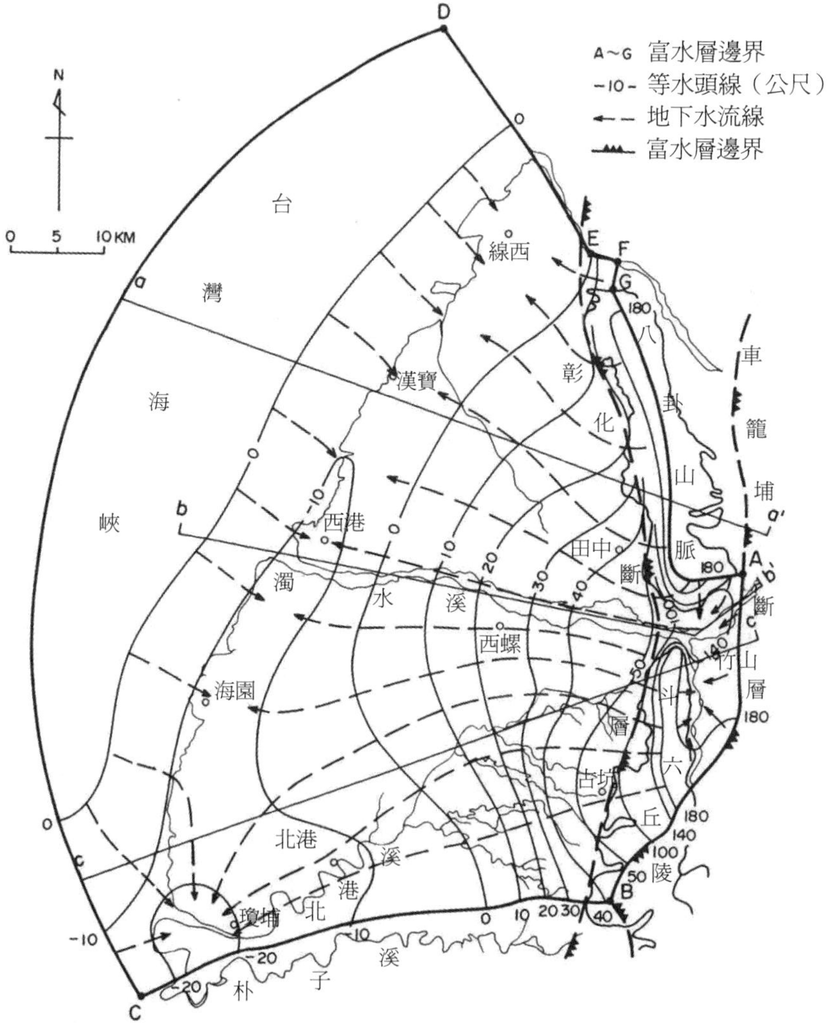

圖二十八　濁水溪沖積扇富水層二之邊界及水平流網示意圖（江崇榮，1999）

　　圖三十剖面bb'是沿著濁水溪河道所繪製，在彰化斷層以東，河床上之現代沖積礫石層厚度小於二十公尺，呈不整合被覆於頭料山層礫岩之上；隘口以東之地下水位面極接近河床面，地下水流僅侷限於透水性良好之淺薄狹窄之現代沖積層及透水性較差之頭料山層中，在通過彰化斷層進入沖積扇頂後，地下水乃傾洩進入透水性良好且巨厚寬廣之礫石層中，地下水位面也因而由河床高度陡降至河床下三十公尺左右，其後再以較平緩之水力坡度，呈扇狀往扇央和扇端滲流。

　　濁水溪河床下接不飽和之礫石層，故本區極重要之地下水補注機制是由河水向下滲漏而納入地下水層中；就bb'剖面而言，地下水補注主要是來自濁水溪河水、彰化斷層以東之河床伏流水及頭料山層地下水等三項。

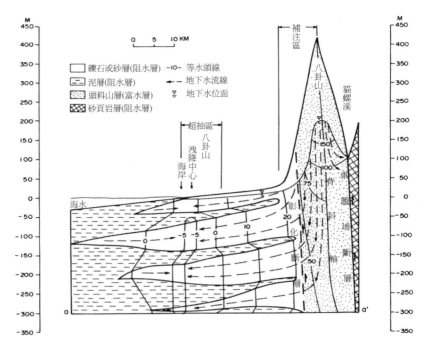

圖二十九　濁水溪沖積扇aa'剖面水文地質及地下水流概念模型（江崇榮，1999）

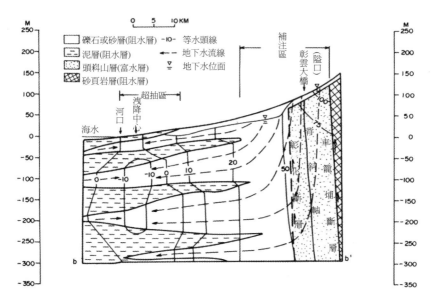

圖三十　濁水溪沖積扇bb'剖面水文地質及地下水流概念模型（江崇榮，1999）

三、地下水的超抽與對策

　　地下水超抽使地下水位大幅下降，導致岩層所受之有效應力（effective stress）增高，岩層被壓密，地表乃發生下陷。據水利局王功地陷分層觀測成果（台灣省水利局，1994 b）得知，壓密主要發生於沿海中細砂富水層二之中，其量最大，壓密下陷之反應最快。其次，富水層二上下之阻水層亦被壓密，惟壓密下陷反應較緩慢。沿海岸地區富水層因為受壓（confined），其儲水係數介於一○～四至一○～六之間，遠小於補注區內未受壓（unconfined）富水層之十分之一，因此沿海富水層之抽水極易導致水位大幅下降，補注區附近未受壓富水層則較不易因抽水而發生大幅度洩降。此外，沿海地區富水層厚度較小，並間夾於厚層阻水層之中，壓密地陷之潛力極高。

　　因地下水位低時的靜水位對地盤下陷的影響最大，民國六十六年至七十三年的五月份靜水位變化情形，1.和美附近地下水位下降最多，約五公尺。2.另以鹿港為中心的本縣西北部，自彰化市向西南延伸到王功，水位下降在一至三公尺之間。

台灣省水利局自七十一年開始在彰化地區進行水準檢測工作。就歷年下陷結果比較，沉陷錐已逐漸由鹿港往南移至濁水溪口西港一帶，在七十四到八十一年間，累積下陷量以西港的八○公分為最大，王功三○公分次之（台灣省水利局，1991）；如果再將記錄延伸至八十四年（台灣省水利局，1996），則西港的下陷量更達到一二○公分，範圍集中於芳苑以南到濁水溪之間，而呈現向東北沉陷量逐漸減緩的趨勢，以位於濁水溪出海口的大城鄉下陷最嚴重（林宏亮，1997）。另外台灣省水利局自七十八年起在王功沿海裝設地層下陷監測井，進行分層之地層下陷觀測，結果顯示下陷發生於地表下四五～一二五公尺處，因此認為彰化地下水主要取自富水層二，而下陷也主要發生於此。

根據中央地質調查所（1999）執行地下水觀測網水文地質調查研究計畫，所布設在彰雲全境的 GPS 樁量測結果顯示，在一九九七年六月及一九九八年七月約相隔一年期間，下陷最嚴重的地區位在濁水溪出海口兩側的海豐－西港間，並以豐榮之下陷量將近十三公分為最大，沉陷中心大致成南北向的條帶狀，北自彰化的芳苑、西港，往南延伸至雲林的豐榮、宏崙、東光、蔡厝等地區。

沿海地區應劃為地盤下陷敏感區，其上游才劃分為地下水適宜開發區，以避免因地下水之開發而導致地盤下陷。防止地盤下陷的最佳辦法是少抽地下水，尤其要避免嚴重的點超抽，因此地下水位變化的監視，限制地下水位變化的幅度就很重要，下列方法似可考慮。

1. 分散灌溉用水井，在工廠附近、魚塭區等不設灌溉井，使區域內抽取地下水量均勻分布且總抽水量控制在一mm/day 以內，部分點抽水量可在一‧五mm/day 以內。
2. 在不會下陷的沖積扇區規劃鰻魚養殖區，不准在沿海易下陷區設立淡水養殖魚塭。
3. 養殖地區的道路填高、排水溝設施、抽水站的興建等由該地自行處理，以加強其保育、回饋的觀念，不宜由政府為少數高利

潤的養殖業者花費大量公帑。

4. 妥善規劃養殖用水源，沿海地區只能准許鹹水養殖，或大部分鹹水、少量淡水的混合水養殖，能以地面水替代的儘量改用地面水。

5. 做養殖業利潤和地盤下陷災害防止費用的經濟分析，養殖區災害防止經費分擔的合理分配方式等，以應日漸發展養殖業的適當管理需求。

本縣由古至今由於水利建設發達，發展成為台灣的穀倉，清代開始建築的渠道，至今仍可見其功能，但也由於需水甚切而超抽地下水，導致地層下陷，吾人不可忽視可能發生淹水、土壤鹽化等災害。

5 土壤——農業生產之依賴

　　如果在一天回到家就寢之前，要您回想一下您在今天一整天的活動過程之中，走過哪些地方？踏過那些土地？大概只有少數人可以做一些粗淺的描述。我們太少有機會讓自己低下頭來，看看自己所生長、所踩踏的土地是長得什麼樣，但是日常活動中，土壤與我們的生活卻有太多的關聯。

　　「民以食為天，食以土為本」土壤是孕育生命重要的地方，不論是在上面剛冒出頭的新芽，抑或於其下豐富的生命圈，都與我們整個自然界、整個生態圈息息相關。

　　日常生活中舉凡提供植物生長的介質、作為生物的棲息地、各種養分及有機廢棄物的轉變場所、提供水資源並淨化水質、作為工程施工的基地等，都是土壤的功能。土壤資源是本縣寶貴的自然資源之一，唯有深切了解土壤資源的特性與分布，才能有效率且合理利用土壤資源。了解土壤、認識土壤，也是認識本縣自然地理特色的一環。

第一節　土壤生成

　　地表一直為人類活動的主要場所。但是在地表之下的土壤一直深深地影響到人類的活動，舉凡農耕、居住、開發等，都與土壤有著莫大的關係。一般而言，氣候對土壤生成影響最大；在相同的氣候條件之下，只要時間久遠，不論母質為何，俱能生成相同的土壤，故世界上土壤之分布與氣候狀況有密切之相關。

　　如果有機會我們可出發至野外觀察不同地區的土壤剖面，就可以知道關於本縣土地，不同年代的二三事。例如在不同土壤分布交接區域，特別容易發現各種沖積物與土壤生成二者間的關係。

　　在本縣和美鎮雅溝里附近，同一土壤剖面內，從表土以下七○～

八〇公分深的土壤母質，是以棕色之砂頁岩風化物為主的大肚溪沖積物，而在這個深度以下，我們卻可以發現截然不同之土壤母質，其是含有石灰結核之板岩老沖積物，呈橄欖灰色。自此區以北，砂頁岩風化物為主之土層愈來愈厚，甚至達一五〇公分以上，但是土壤剖面不見板岩老沖積物母質之土層。往南地區的土壤，即以砂頁岩為主之母質層愈來愈薄，甚至完全消失。

由以上這些事實我們就可以試著去推論，本縣板岩老沖積物最早沉積，然後才是在上層的砂頁岩風化物或板岩新沖積物。藉由土壤的剖面狀況，可以由今觀古，是不是很有趣呢！

一、彰化平原之土壤生成

彰化平原屬於沖積平原，是本縣人口、產業、經濟活動的主要地區，因此土壤特性對於人們的影響相當重要。

由於彰化平原上大部分土地的利用型態為水田，土壤須長期浸水，所以氣候對於土壤生成的影響並不顯著，但是長期栽種水稻與隨之而來的淹水及整地，對於土壤剖面的形態特徵，影響相當明顯。

那麼何種因子才是彰化平原土壤生成的最大因素呢？這答案可能是土壤母質，即河流帶來的沖積物種類。由於河流帶來堆積物的時間不同，土壤剖面形態亦稍有差異。聰明的你可想而知，彰化平原的土壤母質來源應該有二，一為大肚溪沖積物，另一為濁水溪沖積物。

大肚溪沖積物主要的來源為砂頁岩風化物，其中攙雜少量板岩風化物。所堆積生成之土壤，底土顏色帶點棕色，土壤反應呈微酸性，不具明顯構造，僅分布於彰化平原之北部，洋仔厝溪以北至大肚溪南岸。

濁水溪沖積物的來源為板岩風化物，粉砂含量較高，其堆積生成的土壤均帶點灰色，土壤反應呈微鹼性至中鹼性。另外由於濁水溪沖積物出現的年代不同，因此土壤剖面特徵呈現不同的樣貌，因此我們可以進一步將濁水溪沖積物再細分為老沖積土與新沖積土。老沖積土

之底土顏色帶橄欖灰色，常含有石灰結核，具不明顯小鈍角塊構造；而新沖積土之土色帶暗灰色，呈強烈石灰質反應，無土壤構造而且相當緊密。

板岩老沖積土的分布範圍北從洋仔厝溪以南到濁水溪北岸，面積頗為廣大，彰化平原大部分的沖積物，就是屬於這一類。板岩新沖積土的分布面積不大，僅分布於老河床地，如舊濁水溪河道即從前之低窪地。因此取自濁水溪之灌溉水，均含有高量之板岩新沖積物，所以凡受濁水溪灌溉的田地，表土大多受到板岩新沖積物沉積之影響。

二、八卦台地之土壤生成

八卦台地亦是彰化人主要活動的一個舞台。常去的民眾會發現八卦台地的土壤居然是紅色的，與彰化平原的土壤不同，是什麼原因造成的呢？以下茲將八卦台地各個成土因子與土壤的關係敘述如下：

（一）氣候：

氣候影響到土壤形成因子的部分，主要表現在溫度和雨量上面，這兩項因素可以直接控制在土壤中所發生的物理與化學反應。

雨量含量的多寡，可以影響到土壤的有機質含量、礦物質的化學風化作用、黏粒含量、鹽基物質的洗失、土壤反應、剖面發育等，透過這些層面，使土壤的性質產生差異變化。

溫度的高低則影響到化學風化的速率、風化層的深度、土壤的顏色、鹽基物質的洗失、黏粒含量與其化學成分、土壤中的有機物質與氮素、土壤團粒的含量等性質。

在氣候作用的影響下，土壤常發生紅壤化、灰壤化、鈣土作用等，而發育出氣候性土壤。舉例來說：在溫、寒帶容易分布黑鈣土、灰壤；熱帶、副熱帶產生紅壤、黃壤等。

八卦台地的氣候屬於副熱帶溼潤氣候，年平均溫度在攝氏二十三度左右，雨量在一五〇〇公釐以上；而且這裡有非常明顯的乾、濕季

交替，導致土壤化育非常快速。

學者們進一步研究指出八卦台地的土壤成土年代較久，多已經歷紅壤化作用，長期的淋溶作用，土壤中的養分大多嚴重滲失，導致八卦台地的土壤較為貧瘠。

（二）母質：

母質對於土壤生成之影響，表現在母質化學、礦物成分及質地兩項。不同的母質成分，例如石英、鐵、鋁、以及鹽基離子含量的不同，都會影響到不同的土壤化育形態。

由於八卦台地本身的地質狀況比較單純，所以土壤母質的種類比較少。以下我們把各類母質與土壤的關係作一簡單的認識：

1. 砂岩：砂岩，顧名思義，就是岩層裡砂質含量很高。砂岩含砂粒五○％以上，以石英為主要成分，有各種膠結物質，例如矽酸、鐵、碳酸鹽類等。形成的土壤，大多屬於粗質地，特別是在表層。

   這樣的土壤滲透性很高，土壤顏色多為黃棕色；如果膠結物為鐵質時，則土壤呈現的顏色會比較紅；如果砂岩中長石含量很高的時候（大於二十五％），形成的土壤質地比較黏，裡面所含的養分也比較高。

2. 頁岩與泥岩：頁岩和泥岩，都是由沉積的粉砂化育而成，但是頁岩呈現出的樣貌，是比較堅硬的板狀，土壤顏色，則會比較呈現灰黃色；泥岩則呈現塊狀，而且泥岩的黏粒含量會比較高，組成的礦物成分以長石、石英、層狀矽酸鹽類、雲母等為主，大多生成中到細質地的土壤。

3. 礫岩：礫岩的形成原因，為早期的河床地，由大大小小的卵石夾雜著土砂固結而成。因為礫岩本身岩質比較鬆軟，比較容易風化，所以形成的土壤，深厚的大多為紅壤，比較淺薄的則會形成黃棕色土為主；深厚的土層，質地大多比較細緻；淺薄的

土層，質地則是由粗質地到中質地都有。

4. 現代沖積層：是形成於年代最新或最近的地層。在這樣的地層中，所化育而成的土壤，大多比較新，土壤的質地比較粗，大多分布在山間谷地中的河流附近。如果是由砂頁岩所沖積而成的土層，稱為砂頁岩沖積土。由板岩沖積而成的土壤，則稱之為板岩沖積土，由板岩以及砂頁岩二者混合沖積而成的土壤，稱為砂頁岩及板岩混合沖積土。

（三）地形

地形影響土壤甚巨。土壤所在的地形，常常會影響到土體的深度、有機物含量、土壤剖面的相對濕度、土壤的顏色、土壤各層化育的程度、可溶性鹽類含量、溫度…等。而地形對於土壤生成影響的因子中，坡度、高度、坡向三者是最主要的影響因素。

坡度較大的土壤，常常因為地面排水多且急速，引發土壤沖蝕、土壤物質難以聚積等現象，所以較少有土層發育的機會，剖面發育不發達；反之，坡度平緩的高地，因為地下水位距離地表很深，土壤物質容易受到大氣作用而發生氧化、脫水以及有機物分解現象，加上雨水侵入土壤內部的機會很多，因此容易受到雨水的淋溶作用影響，生成氣候性土壤。

高度則會影響溫度與雨量，使土壤在風化速率、風化層的厚度、土壤的顏色、鹽基物的含量等方面產生差異，導致不同的土壤性質。

坡向則會影響土壤剖面的相對濕度、溫度、日照等因素，使得土壤在顏色、有機物的含量、土體的深度產生差異，以下將本縣地形與土壤生成的關係稍加整理如下：

1. 台地地形：八卦台地因為地勢較為平緩，立地安定，年代較老，所以土壤有比較好的化育，加上受到氣候以及時間兩個因子的影響，故大多形成紅壤。

2. 丘陵地形：丘陵地形分布於沖積平原與高山之間。部分地勢比

較平緩之地，凡土壤母質爲砂頁岩或礫岩者，因爲受到氣候的影響較深，大多生成黃壤；坡度較陡的地方，則生成黃壤崩積土（幼黃壤）。

（四）生物

生物因子對於土壤性質影響最大者，在於地表上的天然植物。舉例來說：有一塊土地爲有很多植物所覆蓋的林地或是草生地，另一塊土地爲沒有任何植物覆蓋的裸地，兩個地方的其他因子雖然都一樣，但是兩地的土壤性質常常會出現很大的差異。有植物覆蓋與保護的土地，一方面可以減少沖蝕、減少浸透水對於土壤物質的淋溶，土壤剖面也會比較容易發育；另一方面，因爲土壤有植物的遺體混入，所以有機質以及氮素的含量會比較高。

八卦台地的開發已經有很久的一段時間，除陡坡林地外，多數覆蓋的植被均已遭受破壞，這樣的地表形態改變，會使土壤中的有機質加速分解，降低土壤中有機質含量及碳氧比例，並使酸鹼度改變，土壤構造因此被破壞；而且因爲農地上需要耕犁及添加物料，致使土壤剖面層次發生擾亂，然後又因沖蝕加劇而使厚度變薄，惡性循環下坡度較陡的山坡地，常因植生之破壞而變爲碎石遍地之裸岩地帶，影響土地利用相當大。

（五）時間：

土壤形成過程中，在環境因子相似的條件之下，因爲化育的時間不同，土壤成分就會有不同程度的變化，而形成不一樣的土壤。

八卦台地上的紅壤層，即是因爲這裡的地形平坦、土壤安定、而且經歷了長久的時間所化育而形成的。然而，八卦台地的邊緣卻因爲地勢較爲陡峭，土壤較不安定，化育的時間太短，而以化育程度較低的崩積土以及石質土爲主。

第二節　土壤分類

一、台灣的土壤分類

　　台灣地區土壤之種類，大多依美國農部一九四九年所設立之系統來加以歸類，再依台灣地區特有之土壤特性及性質加以命名而成。主要以「土系」（soil series）為土壤分類基本單位，通常以地名加以稱呼，如淡水土系、鹿港土系、林邊土系等；並以「大土類」或「土類」稱呼台灣地區之主要代表性之區域性土壤，其名稱主要係由土壤母質來源或剖面的顏色及其特性來命名，大家以往常聽到的名稱，如石質土、灰壤、灰化土、崩積土、黃壤、紅壤、黑色土、老沖積土、新沖積土、混合沖積土、鹽土、台灣粘土等，都是民國四○年代被許多人沿用至今之稱呼。

　　上述這些名稱均是美國於一九六○年代以前所建立之土壤分類系統下所使用之名詞，雖然現在已大都不為學術界使用，但一般農民仍在使用，主要原因是依據土壤的顏色及土壤之母質直接稱呼，非常容易了解與溝通，但是在土壤肥培管理及學術研究上常造成困擾。

　　於是美國農部於一九七五年建立新的土壤分類系統（Soil Toxonomy），此分類系統係由六個分類綱目（Category）所組成，最高級綱目為土綱（Soil Order）。簡單地分，一般台灣地區土壤可分成下列幾個土綱，其特性簡述如下（陳尊賢，許正一，2002）：

1. 有機質土（Histosols）：在深度四○公分以上有大於二○％以上之有機物（或大於十二％以上之有機碳含量）之土壤，主要分布於高山湖泊中或其旁邊之土壤。如本縣芬園鄉快官地區有此土壤。

2. 淋澱土（Spodosols）：由有機物與鐵、鋁結合之物質被水由上層土壤帶至下層所形成之淋澱化育層者，大都在砂質地之高山平坦地區，有強烈的淋洗作用。如阿里山地區及水里的山區有此土壤。

3. 灰燼土（或火山灰土，Andisols）：含有火山灰特性之土壤（如土壤很輕，無定型性質很多，對磷吸附力很強等特性），主要生成於火山地形之陽明山國家公園內。

4. 氧化物土（Oxisols）：土壤已經化育很老（幾十萬年以上），土壤中僅剩餘氧化鐵、氧化鋁等，土壤肥力很低，B層有一氧化物層生成者，大都在紅土台地上。如八卦台地之紅壤。

5. 膨轉土（Vertisols）：在土層一公尺內含有三〇％以上之粘粒（直徑小於〇·〇〇二公釐者之土粒），會隨水分多寡而呈膨脹、收縮之特性者，濕時地面突起，乾時龜裂。如在台灣東部之石雨傘地區有此土壤。

6. 旱境土（Aridisols）：台灣地區實際上沒有乾旱氣候條件，應無此土壤，但因此類土壤包含鹽土，故台灣西南部沿海地區之鹽土仍可概略歸併為旱境土。

7. 極育土（Ultisols）：在高溫多雨情況下生成的土壤，在B層中有一粘粒洗入聚積的層次（黏聚層），因此特別粘，由於強烈淋洗，故肥力低。台灣地區之丘陵台地上之紅色土壤大都屬此種土綱。

8. 黑沃土（Mollisols）：顧名思義，此種土壤是又黑又肥沃，土層較淺，肥力高，主要分布在台東縣的成功、長濱一帶。

9. 淋溶土（Alfisols）：此類土壤與極育土性質類似，但由於淋洗程度較極育土弱，或是農民在極育土上施用大量之肥料而使土壤較肥沃，因此土壤肥力較極育土高，大都分布於台灣西部主要沖積平原耕地中，為台灣地區農業生產之最大產地之一。

10. 弱育土（Inceptisols）：顧名思義，此種土壤為由母質弱度化育生成之土壤，有明顯之土壤構造與顏色轉變，因此稱為「構造B層」，為台灣西部主要農耕沖積平原之土壤，或台灣丘陵地上之主要土壤，為台灣地區農業生產之最大產地之一。

11. 新成土（Entisols）：由母質化育生成之最年輕土壤，大都分布於高山陡峭地、河流沖積三角洲河口、新沖積平原等地，通常土層很淺或整層無變化，土壤非常肥沃，也是農業生產主要分布土壤之一。

二、台灣主要土壤之分布與特性

依美國舊土壤分類系統之命名，台灣地區主要土壤之分布大約可如表十二所示，如依美國新土壤分類法加以分類，主要土壤之分布其相關名稱對照如表十二所示。

表十二：美國新舊土壤對照表

美國舊土壤分類系統（1960）	美國新土壤分類系統（1997）
石質土（Lithosols）	Entisols
灰壤（Podzols）	Spodosols
灰壤化土（Podzolic soils）	Inceptisols, Spodosols
暗色崩積土（Darkish colluvial soils）	Inceptisols
淡色崩積土（Pale colluvial soils）	Inceptisols
幼黃壤（Incipient yellow soils）	Inceptisols, Alfisols, Ultisols
黃壤（Yellow soils）	Inceptisols, Ultisols
紅壤（Red soils）	Alfisols, Ultisols, Oxisols
退化紅壤（Degraded red soils）	Alfisols, Ultisols
黑色土（Black soils）	Andisols, Histosols, Mollisols, Vertisols
老沖積土（Older alluvial soils）	Inceptisols, Alfisols
新沖積土（Younger alluvial soils）	Entisols, Inceptisols
混合沖積土（Mixed alluvial soils）	Entisols, Inceptisols, Alfisols
台灣粘土（Taiwan clays）	Inceptisols, Alfisols, Ultisols
鹽土（Saline soils）	Inceptisols, Alfisols

資料來源：Soil Survey and Classification 網站

　　　　（http://www.ac.ntu.edu.tw/soilsc/Soilsc/Taiwan.htm#Distribution）

以下將分別說明台灣主要土壤之分布與特性。為了方便比較，新舊土壤分類系統之名稱同時示出，括號內為新土壤分類系統之名稱。（資料整理自 Soil Survey and Classification 網站）。

1.石質土（新成土）

此乃由母質經由簡單之物理、化學風化作用生成之土壤，通常很淺，含石量超過五〇％以上，排水、通氣良好，唯土層淺，肥力低，大都分布於山坡地或森林地之陡峭區，地形不穩定，甚易崩塌，不宜農牧用途，只宜造林、保育。此土壤在新分類系統均屬新成土。

2.灰壤或灰壤化土（弱育土、極育土、淋澱土）

此乃在低溫多雨之針葉林下，土壤有明顯之灰色層（一般在五公分厚度左右）以及其下有一層二·五公分以上厚度之暗紅色淋澱層（此為有機質與鐵鋁化合物之洗入澱積層）。土壤大都生成於高山（一五〇〇公尺以上）稜線上之較平坦地形區，土壤呈強酸性，肥力貧瘠，大都分布於國有林地上。此土壤在分類上有時可分類弱育土（化育不明顯），有時為極育土（有明顯粘粒洗入層），但標準剖面則為淋澱土。

3.暗色或淡色崩積土（新成土）

此乃鄰近高山地區之土壤物質因滾落、滑降、甚至崩塌等位移作用而生成者，新生成者表土有機物多，表層較暗者稱為「暗色崩積土」；堆積時間較久，其有機物已分解殆盡，顏色較淡者，稱為「淡色崩積土」。基本上，土壤剖面沒有化育作用，多發生於山區坡度較緩和的崩積地形上，含石量約二十五％，通氣、排水良好，可用作農牧地，但須做好水土保持工作。在新分類上屬新成土。

4.黃壤（弱育土、淋溶土）

此乃母質經由弱度化育而生成之土壤，有時可因淋洗作用較強而使粘粒明顯往剖面下層移動，養分（鉀、鈉、鈣、鎂）有的已流失而呈黃、黃棕或紅棕色，且有明顯之土壤構造生成。多生成於丘陵地上較安定、坡度起伏較緩和之處。土壤多呈酸性，肥力偏低，須做好肥

培管理及水土保持，才可做農牧用地。此土壤在新分類上屬弱育土或淋溶土。

5.紅壤（極育土、氧化物）

此乃自第四紀洪積層物質，近百萬年來經高溫多雨，乾濕循環交替之條件下，使土壤中之物質淋洗殆盡，僅剩大部份為鋁、鐵氧化物質者。主要分布於台灣西部更新世台地上，是台灣最古老的土壤。紅壤土層深厚，一般在二至五公尺，有時厚達二十至三十公尺者。土壤構造明顯，通氣、排水良好，物理性質絕佳。唯土壤呈強酸性，肥力差，粘性及可塑性佳，因此生產力差，但可配合適當之肥培管理亦可使作物生產達高產量。目前大都種植茶葉、鳳梨、甘蔗等農作物。此土壤在新分類系統下屬極育土或氧化物土，但大都屬前者。

6.沖積土（新成土、弱育土）

土壤物質經河流沖刷後帶至下游而漸次淤積成固定土壤者，土層起先很薄，越來越厚，且時間久了，土層中之顏色亦因人為耕作有所改變成淡黃色，因此有「新沖積土」與「老沖積土」之稱。此類土壤為台灣地區之主要耕地土壤，主要分布於台灣西部，大都由丘陵地上之砂頁岩沖積生成的，但彰化平原、屏東平原及蘭陽平原則是由中央山脈之板岩物質經河流沖積而生成的。台灣東部之花東縱谷，則是由台灣中央山脈東部之片岩沖積生成者。此類土壤由於沖積及化育時間不同，因此土壤性質變化及差異很大，例如土層深淺、排水好壞、質地粗細、酸鹼度等均有不同。一般而言，新沖積土在新分類系統上均屬於新成土，而老沖積土在新分類系統上則屬於弱育土。

7.黑色土（灰燼土、黑沃土、膨轉土）

凡整個土壤剖面呈現黑色或黑色占大部份者均屬之。唯實際觀察其土壤形態及理化性質時，則可依新土壤分類系統大約分成三類：

（1）灰燼土（Andisols）：位於台灣北部陽明山國家公園內之火山灰土壤物質，土壤鬆軟、很輕，有機物多，大都為小團粒，保肥、保水之能力超強，但易受沖蝕，土壤易缺磷肥且

易產生鋁毒害。

（2）黑沃土（Mollisols）：位於台灣東部成功附近土壤，土色黑
且肥力高，土壤構造爲團粒，是作物高產量區之一，在台灣
此類土壤面積很小。

（3）膨轉土（Vertisols）：在台灣東部火成岩混同泥岩生成之黑
色土，土層深厚，保肥、保水力強，土壤很粘，內部排水很
差，在濕時易膨脹，乾時易龜裂，耕性很差，農民很頭痛。
此種土壤不能用於蓋房子、建公路等。在台灣東部之面積亦
很小。

8.鹽土（新成土）

所謂鹽土，意指土壤加水飽和後之抽出液之導電度值大於2dS/m
以上者。台灣之鹽土，主要分布於西部平原沖積土之濱海部份，涵蓋
海埔新生地及俗稱之「鹽分地」均是。此地區蒸發散量多大於降雨
量，且海水之地下水位較高或排水不良而生成的。一般而言，在新分
類系統上均屬於新成土。

9.台灣粘土（弱育土、淋溶土）

此土壤係指台灣南部地方俗稱之「看天田土壤」，另外若干無固
定灌溉水源之超粘重土壤亦可稱呼之。主要分布於雲林、嘉義、台
南、高雄四縣之西部山麓地帶前沿之低平台地上，例如台南縣之新
營、善化一帶很多。此土壤之土層深厚，質地很粘、很緊密，大塊狀
或柱狀土壤構造，有些有粘粒洗入作用，耕性差。其生成背景屬「湖
積」過程。在新土壤分類上概屬弱育土或淋溶土（有粘聚層者）。因
此可知，台灣地區農耕地最多之土類屬於弱育土，約占一半，其次爲
淋溶土，兩者合計七十三％左右

三、彰化平原之土壤分類

彰化平原的土壤是由河流沖積物沉積而成，而且大部分的土壤用
來栽種水稻，經過長年的灌溉下來，造成土壤的剖面型態跟原本的剖

面有非常顯著的差異。但是因爲現今對於水田的土壤，還未有適當的分類系統可供使用，而且因爲這樣的土壤其特性並沒有太大變化，所以暫時統稱爲沖積土。

　　彰化平原的土壤共分有六十五個土系，屬於砂頁岩以及板岩混合沖積土的有十八種土系，板岩新沖積土的有二十種土系，板岩老沖積土的有二十七種土系。將各土系的相互關係列表如表十三。

表十三：彰化平原土系關係表

質地剖面 20-90 (cm) / 90-150 (cm)	砂頁岩及板岩混合沖積土 排水 良-尚良	不完全	不良	板岩新沖積土 排水 良-尚良	不完全	不良	板岩老沖積土 排水 良-尚良	不完全	不良
SiCL	頂番婆	和美	線西	蓮花池		線西	鹿港		秀水
SiCL / SiL-L		雅溝					外中	花壇	
SiCL / SL							大城	福興	
SiL / SiCL	※	竹圍					番社	萬興	南港舊
SiL-L	牛埔	彰化	月眉	田中	二水	外三塊	平和	二林	社頭
	中寮							※※	
SiL / SL-LS		七張犁			萬合	面前厝	路上厝	顏厝	
SiL / CoS-g					坤頭		王功	員林	
SL / SiCL							海豐		
SL / SiL		口厝			曾厝崙		魚寮	田中央	
SL-Lfs	中圍	湖內	伸港	水尾	潮洋厝		公館	管嶼厝	
SL / CoS-g		溪底		溪州	鎮平	舊眉		坤腳	
SL / SiCL-SiL								草湖	西港
Fs-LS	山寮	大霞田		大排沙	周厝崙			芳苑	沙山
LS / CoS-g					濁水	圳寮			
S-CoS					路口厝				
Fs-Stones								四塊厝	
Stones	福田			下水埔	西畔				

資料來源：中興大學土壤系，1969。

註：※牛埔系：含有紅土崩積物　　※※顏厝系：底土帶較灰色

　　SiCL：坋質黏壤土　Lfs：壤質細砂土　S：砂土　SiL：坋質壤土　Ls：壤質砂土

　　　L：壤土　　　CoS：粗砂土　　　SL：砂質壤土　　　　FS：細砂土

　　　g：小石礫（2mm-10mm）間夾少量土壤　Stones：石頭（＞10mm）間夾少量土壤

四、八卦台地之土壤分類

八卦台地的土壤分類可以根據台灣過去的耕地土壤調查，作為土壤類別的分類依據，共計可以分成紅壤、黃壤、崩積土、石質土、沖積土等五個類別。以下將詳加敘述各類別土壤：

1.紅壤（red loam）：

八卦台地紅壤的化育程度普遍來說都很高，但是因為生成年代久遠（至少都有三萬年之久），養分大多已經受淋溶而流失，pH值一般來說都很低；土壤的構造良好，除了受到沖蝕或是崩塌而移位的土壤之外，土壤剖面都很深厚而且質地很細緻，土壤的顏色呈紅色到紅黃色。

2.黃壤（yellow earth）：

八卦台地的黃壤主要分布在緩坡地形區，土壤經過長時間的化育之後，有黏聚層（argillic horizon）的形成，土壤顏色呈現紅棕色，細砂跟坋粒（粉砂）中的可風化物質大於10%，由於本縣位處副熱帶，所以此類土壤鹽基飽和度較其他各地低。

3.崩積土（colluvial soils）：

崩積土分布的地方位在八卦台地地形比較陡峭的地方，成土之後非常的不穩定，沒有充分的時間來發育土壤，構造比起黃壤來說，比較不完全，但是滲透度比較好，植物的根系比較容易發展。

4.石質土（lithosols）：

八卦台地崩落堆積的石質土，含有相當量的有機質，因此相當的肥沃，適合各種植物的生長。但如果崩積的坡面欠安定，尤其是陡坡，就不太適合作物生長，但相反的，若是坡度和緩的坡面，就可以成為良好的果園。

5.沖積土（alluvial soils）：

本類土壤是由河流帶來之泥沙堆積而成，所以分布在八卦台地較為低窪的地區。它和崩積土可以區別為以下四點，可作為野外判斷的依據：

（1）有淘選的特徵，土壤質地及礦物質會受到水的流速、流向、流量所影響。

（2）水中沉積的顆粒排列具有方向性，所以會比崩積土稍爲密實且不規則，孔隙也會較少。

（3）地形平坦，比崩積土安定。

（4）部分土壤會因可溶物質被水帶走而變得較貧瘠。反之，也有部分的土壤因爲吸收水溶物質而變得更肥沃。

第三節　土壤分布

一、彰化平原之土壤分布（圖三十一）

　　彰化平原的土壤分布，經過調查歸類之後，面積共有七七九‧二平方公里，其中砂頁岩及板岩混合沖積土面積約有一三〇平方公里，板岩新沖積土面積爲一五二‧四一平方公里，此兩種土壤分布面積較小；而板岩老沖積土的面積爲五一九‧六一平方公里，占彰化平原土壤分布總面積的六六‧六七％，所占面積最大。其他各土壤分類的混合區以及雜地的面積有四‧八四平方公里，分布在不同土壤分布地區的漸變區域。

　　砂頁岩及板岩混合沖積土中，各土系的分布面積均不大，大部分都只在五平方公里以下。分布面積超過或接近十平方公里的只有彰化系（二一‧九四平方公里）、伸港系（一三‧二八平方公里）、七張犁系（九‧七三平方公里）。

　　板岩新沖積土中各土系的分布面積也都屬於較爲零碎的情形，分布面積大多在十平方公里以下。分布面積超過十平方公里的有下水埔系（二〇‧〇一平方公里，占二‧五七％）、二水系（一六‧二三平方公里，占二‧〇六％）、圳寮系（一四‧一二平方公里，占一‧八一％）、濁水系（一三‧六四平方公里，占一‧七五％）、西畔系（一

二・○六平方公里，占一・五五％）、大排沙（一一・二三平方公里，占一・四四％）、路口厝（一一・○九平方公里，占一・四二％）。

　　至於板岩老沖積土中的各類土系分布面積，就差異甚大，有集中在少數土系的情形，例如二林系的分布面積有一四五・四六平方公里，占總面積的一八・六八％，其它分布面積超過或是接近五十平方公里的有鹿港系（五七・七六平方公里，占七・四二％）、員林系（五○・四三平方公里，占六・四八％）、還有平和系（四七・○五平方公里，占六・○四％）。分布面積超過十到二十平方公里的土系，有路上厝、公館、海豐還有芳苑等土系。

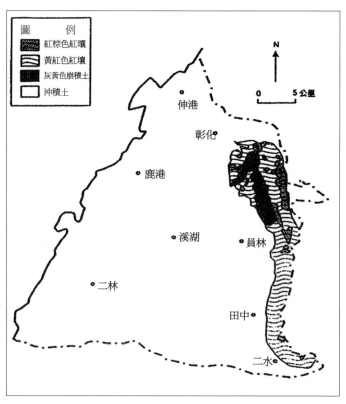

圖三十一　彰化縣土壤類別圖（山地農牧局，1984）。

二、八卦台地的土壤分布（圖三十一）

八卦台地的土壤生成過程中，很明顯的跟地形還有地質的分布，有較爲密切的關係。

一般而言，在八卦台地地形比較平緩的部分，土壤有紅棕色紅壤、黃紅色紅壤的分布；台地邊緣還有坡下的土壤則是黃紅色紅壤、黃棕色黃壤的分布地區；丘陵地區則是以黃壤還有崩積的幼黃壤分布比較多；山地地區因爲地形比較陡峭，而且不太安定，導致土壤很難有比較好的化育，以崩積土還有石質土的分布最爲廣大。另外，在山間谷地、河道兩旁則較多沖積土的分布。

以下將各種土壤分布情況概略敘述如下：

1.紅壤

(1) 紅棕色紅壤：這類土壤面積有一一七七公頃，主要分布在芬園鄉七八六公頃，彰化市三三九公頃。

(2) 黃棕色紅壤：分布在八卦台地比較低的緩坡面上，這類土壤面積有二八〇八公頃，主要分布在彰化市的四九一公頃，芬園鄉八三九公頃，員林鎮四四七公頃。

2.黃壤

(1) 紅棕色至黃紅色黃壤：分布在緩坡丘陵地中地形比較安定的地方。這類土壤面積共有四八八〇公頃，主要分布在社頭鄉一一五五公頃，員林鎮一一〇三公頃，二水鄉八九五公頃，芬園鄉六四五公頃。

(2) 黃棕色黃壤：分布在台地邊緣或是丘陵地中比較安定的邊坡上。這類土壤共有八九七公頃，主要分布在彰化市三三八公頃，花壇鄉二八六公頃，社頭鄉二二四公頃。

3.崩積土：
這類土壤主要分布在丘陵地上還有山地較爲陡峭的坡下，因爲地形不安定，所以土壤很難有比較好的發育，土壤中含有礫石的量比較多。

(1) 灰黃色崩積土：這類土壤的面積有二一三一公頃，主要分布

在花壇鄉一二八四公頃，彰化市七一一公頃。

(2) 暗色崩積土：因爲母質顏色呈現比較暗，而且含有比較多的有機質的關係，所以呈現暗色的土壤外觀，這類土壤分布面積很少。

4.石質土：這類土壤的分布在比較陡的地形或是高山地帶，因爲土壤的形成年代比較新的關係，還保有許多母質的特性，而且含有大量的母質岩屑和部份風化後的崩積物，這類土壤的面積有四十六公頃，位於花壇鄉。

5.沖積土：沖積土的形成是由水流帶來的物質沉積而成，大多分布在山間谷地、河道的兩側、盆地、低地，因爲母質來源、形成的年代還有沉積的層次不同，所以土壤的質地差異很大。目前沖積土大多的土地利用是稻田還有一些高經濟價值的作物園地。這類土壤的面積有二二七公頃，分布在花壇鄉以及彰化市。

6.雜地：雜地包括崩積礫石坡、裸岩地、台地崖、洪積礫石坡、沙丘、還有其他土地等。這些都不能作爲農業上的使用。這類土壤的面積有九〇四公頃，主要分布在彰化市還有花壇鄉。

第三節　土壤管理

農業如果要永續發展，土地就要朝永續性而非暫時性的管理。由於每一種土壤都有它本身固有的特性及環境，對於某種作物之適宜性也不盡相同，因此每類土壤所需要的管理措施必須因時因地制宜。以下依據中興大學土壤調查試驗中心（1991）所編製之彰化縣土壤調查報告，將本縣各地的耕作利用還有土壤管理原則做個概略性的敘述。

一、彰化平原土壤之管理

（一）頂番婆、外中、大城等土系

本區土壤的底土質地黏重而且緊密。由於透水性比較緩慢，因此保水、保肥的能力均高，最適合用來種植水稻。如果需要種植旱作物時，應該要深耕，多施點有機物，以改造土壤結構，提高土壤中空氣的通透性，進而促進農作物的根系伸展。另外，當土壤乾燥時，會較爲堅硬不好犁耕；比較適合的犁耕時間是土壤較溼潤時。此外，不需要在本土系中實施特殊的灌水、施肥等措施。

（二）和美、雅溝、花壇、福興、鹿港、蓮花池等土系

本區土壤的底土質地黏重，排水情形比較不完全。因爲透水性比較緩慢，因此滿適合用來種植水稻，亦不需要在本土系實施特殊的施肥、灌漑措施。但是不適合一次施用太多的新鮮有機物，必須提前來施用，且施用後不適合立刻灌水，以免引發強烈的還原作用。本區土壤適合在乾季時種植旱作作物，特別是蔬菜類。倘若雨期時種植旱作作物，會因爲排水不良的關係，作物容易受影響而生長不良，必須選擇在高一點的土地上種植。

（三）線西、秀水等土系

本區土壤的底土質地黏重，排水情形比較不良。因爲空氣的通透性不好的關係，不但不適合種植一般的旱作植物，種植水稻還要非常小心的來種植與管理。由於地下水位比較高的關係，田地時常出現泥濘狀，不容易整地。如果排水可以改良，將顯著改善土地的生產力。

低窪地區，必須要在土地外圍設立攔截水源的水渠，用來阻擋外面較高地所流來的集水。本類土壤，不適合使用有機物施肥，必須大量使用鉀肥，用來增加水稻的抗病力。旱作植物可在較高的土地上栽種，像是種點蔬菜，但是不適合種植荳科植物。

（四）牛埔、中寮、田中、番社、平和等土系

　　本區土壤的底土質地適中，排水情況良好，是最理想的土壤類型。任何植物在本類土壤都適合栽種，生產力也比較高，不需要從事特殊的管理措施。

（五）竹圍、彰化、二水、萬興、二林、顏厝等土系

　　本區土壤的底土質地適中，但是排水情形不太完全。雨季時土壤中的水分保留稍多，土壤的通氣性不好，旱作植物生長容易受到影響；但是由於地下水面稍微高些，灌溉水流失的量很少，此區土壤最爲適合種植水稻。乾旱期則比較適合種植旱作植物。施肥時不適合一次施放太多的新鮮有機物，而且施放之後不宜馬上灌水，以免造成強烈的還原作用。

（六）月眉、外三塊、南港舊、社頭等土系

　　本區土壤的底土質地適中，但是排水不良。植物栽種方面，除水稻外的作物都不太適合在本區栽種，受限頗深。另外施肥部份，不適合施放有機肥，適合施用鉀肥。由於透水性適中，排水一旦改善之後，效果將非常顯著。乾旱時期可以在較高的土地上栽種一些蔬菜。較低窪的土地應該在土地外圍設立一些攔截水源的水溝，排除來自外面高地所集中過來的水分。

（七）上厝、王功等土系

　　本區土壤的底土質地，上層較爲適中，下層則較爲粗疏，排水情況一般來說是屬良好的。本區土壤頗適合用來栽種一般旱作植物，因爲透水性比較強，保水力比較弱，在旱乾時期的作物栽培，容易感受到水分的不足，所以應該要適當的灌溉。另外，在水稻的栽種方面，灌溉水的漏失量頗大，應該要多施點有機物，而且不適合太過深耕。

（八）七張犁、萬合、埤頭、員林等土系

本區土壤的底土質地，上層較為適中，下層則較為粗鬆，排水情況不太完全。雖然土壤保持水分的能力不好，但是由於地下水位比較高，乾旱時期栽種不會感到水分不足的情形，但是降雨時期不適合在本區土壤種植荳科植物。另外，本區土壤適合栽種水稻，由於排水不完全，灌溉水的漏失量不大，所以應該要多施放點新鮮有機物。

（九）面前厝土系

本區土壤的底土質地，上層適中，下層較為粗疏，排水情況不好。地下水面滿高的，一般旱作植物不適合在本區土壤栽種，但是頗適合栽種水稻。在施肥方面，不適合施放有機物，應該要多點鉀肥，用來提高水稻的抗病能力。因為通水性比較快，所以排水狀況比較容易改善，但是底層土壤下層質地較為粗鬆，明渠排水設施比較不容易保養。除此之外，排水一旦改良之後，土壤的肥力容易減低，應要小心地維持土壤的肥沃度。

（十）海豐、魚寮等土系

本區土壤的底土質地，上層土較粗，下層土從適中到較黏，排水情況良好。由於透水性在底土上層比較快，在下層比較慢的關係，雨季期間以及灌水的時期，多餘的水分容易滯留在底土的上部，而引起部分排水不良，所以灌溉時不應一次加太多水。乾旱時期因為土壤質地粗，保水能力不好，容易感到水分不足，所以栽種旱作植物時，應該要多灌溉。栽種水稻時雖然漏水量少，但是本區土壤大多分布在彰化平原的沿海缺水地區，水分比較不足，所以會抽取部分地下水作為灌溉之用。施肥方面，應該要施用多量的有機物以及化學肥料，用來改良土壤，提高肥力。在海風比較強烈的地方，表土質地粗鬆的土壤，需要在上頭實施殘株的敷蓋以及多種植防風林或是其他防風用的籬笆，以減少水分的蒸發及風吹侵蝕的可能性。

（十一）口厝、曾厝崙、田中央等土系

本區土壤的底土質地，上層較粗，下層適中到稍為黏一點，排水情況不完全。因為地下水位比較高的關係，底土下層透水性比較慢，雨天的土壤剖面，常常夾帶多餘的水分，一般旱作植物生長會稍微受到阻礙，但是本類土壤頗適合用來栽種水稻；然而土壤的肥力比較低，應該要多施放化學肥料。由於保持土壤肥沃度的能力低，施肥時應該要分多次施放，不宜一次使用太多，避免養分流失。施用有機物之後，不宜立刻灌水，以免引起強烈的還原作用。此外，乾旱時期栽種旱作植物時，也不容易出現缺水現象。

（十二）中圍、水尾、溪州、公館、埤腳等土系

本區土壤的底土質地，上層比較粗，下層粗鬆，組成顆粒以砂土為主，排水過剩，透水性很快。因為保水、保持肥沃度能力都不好，所以土壤肥力很低而且缺乏水分。適合用來栽種蘆筍、花生、還有其他荳科植物。乾旱時期應該要勤加灌溉，但是不應一次加太多水，以免養分流失。由於漏水量很大，栽種水稻時應該要使用多量的灌溉水，如利用濁水溪含泥量比較高的水源灌溉，可以改善土壤質地。施肥方面，可以施放多點有機物以及化學肥料。施放肥料時應該要分多次施放，每次用量不要太多，以免養分流失。表土質地比較粗的地方，應該要在上頭敷蓋殘株，靠近海邊風強的地方，要建立防風林或是其他防風用的籬笆，以減少水分的蒸發以及風吹侵蝕的可能性。

（十三）湖內、溪底、潮洋厝、鎮平以及管嶼厝等土系

本組土壤的底土質地，上層比較粗，而下層非常的粗，而且夾帶一些砂礫，排水情形不完全。雖然保水能力低，透水性快，但是雨季時地下水位高，勉強可以灌水來種植水稻。栽種旱作植物時不需灌水，但是雨季時土壤裡面可能含水過多，而影響作物的生長。此外，

土壤的肥沃度低，應該要多施放點有機物與化學肥料。近海地區的土壤如果含有大量鹽分，應該要適當的排水以及用淡水來灌水，以減低土壤內部的鹽分含量，或是栽種些耐鹽份的作物。最後，靠近海邊風強的地方，要建立防風林或是其他防風用的籬笆。

（十四）伸港、舊眉等土系

本區土壤的底土質地，上層稍爲粗糙，下層非常粗糙，而且還帶一點礫石，排水情形不良。地下水面常在表面以下四〇～五〇公分深左右，不但不適合栽種一般作物，而且種植水稻時也會發生生長不良的現象。這裡的土壤，需要排水的改良，加上土壤質地粗鬆，明渠排水溝不容易維護，比較適合設立暗渠排水溝，這樣排水效率會比較顯著。當排水改良之後，土壤的肥力會迅速降低，需要注意土壤肥沃度的維持管理。如果沒有改良排水時，不適合施用有機物，應該要多點鉀肥，增加水稻抵抗疾病的能力。靠近海風強的地方，需要種植防風林，或是其他可以防風的籬笆。低窪地區，田地外圍應該要多設立截洩溝，來排除來自外面高地的積水。

（十五）草湖土系

本區土壤的底土質地，上層頗爲疏鬆，下層適中到稍黏，排水良好。降雨期下大雨時，由於上層透水性快而下層較慢，多餘的水分暫時滯留在上層底土裡面，旱作植物生長稍微會受到影響，灌溉水量不宜一次太多。在乾旱期時，由於上層土壤質地較粗，所以保水能力不好，容易缺乏水分，需要多加灌水。如果水分充足，還可以透過灌溉栽種水稻。由於本區土壤保持肥沃度的能力不高，而且有機物含量少，所以土壤肥力很差，需要多加施以化學肥料或是有機物，但是化學肥料一次的用量不適合太多。利用濁水溪含泥量較高的水源灌溉，可以改善土壤的質地。或是利用外來的黏土，也可以改善土地生產力。表土質地較粗鬆的地方，需要用一些殘株敷蓋，以防止風蝕，也

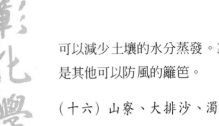

可以減少土壤的水分蒸發。靠近海風強的地方，需要栽種防風林，或是其他可以防風的籬笆。

（十六）山寮、大排沙、濁水、芳苑、四塊厝等土系

　　本區土壤的底土質地頗為粗疏，透水性又強，加上缺乏水源，不適合種植水稻，雨季時可以勉強種植一些耐旱深根植物。沙丘地不適合用來耕種，適合栽種草或樹木，以作為定砂之用。由於本區土壤肥力很低，而且有機物含量稀少，所以生產力頗低，需要施用多量的有機物以及化學肥料，但是化學肥料一次不適合施用太多。灌水時一次用水量不適合太多，以免養分淋失。乾旱期需要用一些殘株敷蓋，以減少土壤的水分蒸發，並可以減少風蝕。靠近海邊強風地區，需要種植防風林以保護土壤。

（十七）大霞田、周厝崙、圳寮、路口厝、沙山等土系

　　本區土壤的質地頗為粗鬆，雨季時可以種植一般的旱作植物，若有充分的水源來源，可以栽種水稻，但是用水量會比較多。利用濁水溪含泥量較高的水源灌溉，可以改善土壤的質地，明顯地提高土地的生產力。土壤的肥力以及保水能力都頗低，需要多施用化學肥料以及有機物，但是化學肥料應該要多次施用，不宜一次施用太多。

（十八）福口、下水埔等土系以及雜地

　　本區土壤很淺薄，表土以下為石礫層，石礫之間夾有土壤。由於土壤淺，只可栽種一些淺根作物，乾旱時期土壤水分缺乏，若有充足的水源，勉強可以灌溉種植水稻，但是產量不高。土壤的肥沃度很低，需要多施用化學肥料，但是不宜一次施用太多，應該要分多次施用。表土質地較為粗鬆的地方，需要敷蓋殘株，以防止風蝕。在土壤表面上引入濁水溪水源，可以使泥砂堆積，並可增加土壤深度。因此客土是用來改善土壤品質最好的辦法，但必須要考量經濟上是否合

算，方可實行。

（十九）西畔土系

本區的土壤相當淺薄，表土以下為石礫層，雨季時地下水面較高，排水不完全。由於土壤時常濕潤，可以栽種淺根作物，若水源充足，還可以栽種水稻，但是產量不高。另外，土壤的肥沃度不高，需要多加施用有機物肥料以及化學肥料。若要改善土壤品質，在土壤上放置客土或是引入濁水溪水，皆有不錯的結果。靠近溪邊地下水面常在三〇～四〇公分深的地方，只能栽種水稻。

二、八卦台地土壤之管理

八卦台地因為地質較為單純，土壤肥力較為貧瘠、pH 值極低（＜4.5），土壤種類比較少，以紅壤及黃壤為主，又因為土壤性質較為相近的關係，管理上可以通用的地方頗多，所以管理起來比較單純。以下將八卦台地土壤管理的方法簡單敘述如下：

（一）山坡地的土壤管理應將水土保持視為首要工作，否則土壤以及養分都將流失殆盡，這樣的損失比起作物上的收益來講要大得多，因此坡度超過E坡（大於55%或是28°48.6'）者，就不適合作為農業上的耕作栽種，只可以用來人造森林或是種植草皮，以保持立地坡地的安定，保護下方的土壤不會受到災害。

（二）凡是坡度屬於A、B級（即15%，8°31.8'以下）者，在良好的植生覆蓋及安全排水措施的保護之下，可以依照平原的利用以及管理原則，生產任何高經濟價值的作物。坡度屬於C、D級（即15%～40%，8°31.8'～21°48.2'）的土壤，為避免造成土壤沖蝕，凡是需要勤以耕作的作物，如甘蔗、玉米等，應該要避開在本地種植，而可以栽種一些比較不需要經常耕犁的長期作物，如果樹、茶樹、桑樹等。這樣對於土壤的水土保持比較適宜。另外，盡量避免對於地表植生覆蓋的破壞且須加強植草、山邊溝等安全排水措施。坡度屬於E坡（即40%～55%，21°48.2'～28°48.6'）的土壤，因為土

壤厚度大多屬於淺薄（20～50公分），所以土地利用管理要特別注意，儘量保持或加強地表的植生覆蓋，避免不必要的工程設施。土地利用以種植多年生的果樹、桑樹以及牧草比較適合。山邊溝的設置要注意安全，避免因為挖到母岩，破壞坡腳的安定而導致整個坡面滑落，而且溝面必須要植草，以避免土壤沖蝕。

（三）凡C坡（30%，16°42'）以下的土壤，因為大面積都規劃作為農場使用，當需要在坡地上做機械整地時，應該要考慮整坡之後的土壤深度，不應少於五〇公分比較好，而且要注意填土部份坡面的安定以及新坡面的覆蓋。

（四）淺層（土壤厚度小於50公分者）土壤因為容積比較小，土體本身可以儲存的水量有限，一遇到乾季因為蒸發量大於降水量，而使土壤的有效水分大減，作物容易遭到乾旱而影響生長發育。因此如果可以找尋到水源，在乾季時對淺層土壤多施肥與灌溉，以增加土壤的有效水分含量。如果無法找到水源，則需選擇比較能夠耐旱的作物，以減少損害。

（五）一般作物對於pH值的適應範圍大多在五·五～七·〇之間，因此pH值小於五·五（極端酸到強酸的土壤）只適合用來栽種耐酸性植物，像是水稻、茶、鳳梨等。本區的紅壤、黃壤、以及大部分的崩積土的pH值大多小於五·五。如果不能栽種一些比較耐酸植物時，應該要逐年在土壤裡面分別施放苦土石灰或是白雲石粉等酸性調節劑，以提升pH值到作物可以適應的程度。

（六）質地黏重的土壤（質地為SiCL到C者），因為土壤太過黏重，通氣以及滲透性都比較差，不但會影響植物根系的生長，而且容易產生比較高的地表逕流，影響作物生長至巨，應該要多施放有機物，以改善土壤的結構，增高土壤的通透性，以有利作物生長。

（七）本區土壤的肥力均在中等以下，土壤的pH值偏低，有機物含量也很貧乏，陽離子交換能力也不好，交換鉀、鈉、鎂的含量亦差，因此肥料在本地的運用相當重要。

　　在早期的觀念中認為，良好的土壤品質是指能夠提供作物充分的養分，使作物有最大的產量，這就是良好的土壤品質。但是這些年來，我們意識到環境保護與生態保育的重要性，因此對土壤品質的好壞有一個新的思考方向。

　　土壤品質的好壞是決定農業與環境是否能夠永續經營的主要因素之一，當土壤接受環境中各種有害物質時，土壤本身具有緩衝能力與自淨能力，使土壤不至於在短時間內品質立即變差，這是一種很重要的自然資源。

　　土壤與我們生活息息相關而且甚為重要。我們都是屬於生長在這片土地上的兒女，認識我們的土、保護我們的土、珍惜我們的土，就是在珍惜自己的羽毛，做愛護我們後代子孫的重要事。

6 天然災害——趨吉避凶之借鏡

　　台灣是一個位於西太平洋的小島，由於板塊運動的擠壓，造成了台灣地區特殊的地質與地形。比之於全世界，地形的多樣性與珍貴性，絲毫不遜色。地表的環境特性，塑造出台灣特有的地景，非常吸引人。但是如果外營力的力量改變超過地表所能負荷的程度後，常會影響到人們生命財產的安全，而形成所謂天然災害。

　　近年來台灣地區發生的天然災害，不僅頻率漸次增加，且規模也一再加大，與世界其他國家相比，可說是有過之而無不及（林俊全，2004）。但是由於國人天性樂觀，對於災害總是健忘的，九二一集集大地震、桃芝風災、林肯大郡等，或許早已成為歷史名詞。然而在探討天然災害時，我們會發現如果國人懂得居安思危，或是有事前準備勝於事後處理的觀念，有許多天然災害是可以減輕或避免的。

　　台灣這個兩千三百萬人安身立命的地方，處處充滿著生機。由動態的地形變化中，人們學習著與大自然和平相處；然而為了在這個小島能夠永續發展，如何瞭解這塊土地的種種特色，藉以趨吉避凶，將是我們的當務之急。

　　以下我們試著就彰化地區常會面對的天然災害類型，歸類為地震與氣象災害兩個課題，茲分述如次：

第一節　地震

一、台灣地震成因與地震分布：

　　地球外殼主由板塊組成，全世界主要有太平洋、歐亞大陸、南美洲、北美洲、非洲、印度、澳洲及南極大陸等七大板塊，如再加上其他如菲律賓海板塊等較小板塊則約十餘塊。

　　由於地球內部不斷地在進行地殼運動，地殼不同部份受到擠、壓、拉、伸、扭等力的作用到某一限度後，會在板塊邊界突然反彈、滑動，產生地震，滑動的面即為斷層面。

　　台灣是環太平洋地震帶的一部分，台灣東部的花東縱谷是歐亞大陸板塊和菲律賓海板塊的交界處，兩板塊在此互相擠壓與俯衝，故台灣地區地震頻繁。依中央氣象局的統計，一九三○至一九八五年間，台灣每年平均發生一四○○次地震，雖然大多為無感地震，僅一九一次為有感地震，但平均每年仍有一次災害地震。

二、台灣的地震史

　　台灣早期由於缺乏地震觀測儀器，故僅能根據災害狀況判斷地震發生的地點，因此地震記載大都偏向人口較集中，經濟較繁榮的西部地區。到了一八九七年後，台灣地區才開始利用儀器觀測地震，此後，東部地區地震記錄方才顯著增加。

　　地震損害數字之龐大，往往非常驚人，尤其震源接近地表再加上接近人口密集區，就會形成較大的災害。若從台灣有地震紀錄來看，歷年來台灣地震災害發生次數最多、災情最嚴重的地區首推嘉義、台南地區。以民國五十三年的白河地震為例，所造成的災害是光復以來，至九二一集集大地震以前，台灣最大的地震災害。死傷人數加上一時無家可歸的人數約三七四三○人，房屋損壞約一○五四七九棟（林俊全，2004）。

三、本縣之地震災害

　　台灣的地層常因為地震造成山崩、地滑、土壤液化與承載力不足的現象乃至於地層下陷的問題。本縣位於台灣西部地震帶中段附近，當台灣西部地區發生大地震時，直接間接都很容易波及而蒙受其害。

　　彰化地區早期的地震紀錄，可以查閱昭和十年台灣震災誌中的記載，文中指出，民國二十四年（1935）四月二十一日六時二分，發生震央在新竹州關刀山東南方偏南三公里的新竹－台中烈震，產生屯子

腳、獅潭兩條斷層，前者產生長十餘公里的地表破裂，水平最大變位達一五〇公分，最大落差六〇公分，後者地表破裂長二〇公里，最大落差爲紙湖至洽坑之間達三公尺。在民生損壞方面，地震造成死亡三二七六人，受傷一二〇五三人，房屋全毀一七九〇七棟，半毀二四〇五棟，破損二五三七六棟，因此也名列世界著名大震災之一。

　　不幸地，在此次地震中，本縣重要商業區彰化市，屬於強震區，共計死亡三人，重傷三人，輕傷一人，住家房屋全毀九間，半毀三十四間，大破六十七間，小破一百三十間，非住家房屋，全毀四間，半毀十四間，大破三間，小破八間，公家及公共建築大破二間，損害相當嚴重。

　　無獨有偶，民國八十八年九月二十一日淩晨一時四十七分十二・六秒，在南投縣日月潭西南方發生了芮氏規模七・三的地震。根據中央氣象局地震測報中心所提供的資料，此次地震的震央位於北緯二三・八五°東經一二〇・七八°，震源深度約爲七・〇公里。此地震造成了臺灣地區二三〇〇多個人死亡，及八〇〇〇餘人受傷，另有超過萬處的建築物全倒或半倒、山崩以及道路橋樑崩毀等災害。

　　值得慶幸本縣諸斷層沒有明顯隨此次地震有活動跡象，只有少數房屋發生傾倒、龜裂，但是在本縣發生「土壤液化」的現象，帶來不少的災害。

（四）土壤液化

　　土壤液化的現象並不常見，通常都是伴隨著地震而來，例如日本神戶地震時，神戶港就曾經發生土壤液化的現象，著實令人恐慌。至於土壤液化的原因，主要是土壤受到震動，致使組成土壤的顆粒重新排列，由固體狀態的土壤混合水搖晃，轉變爲泥漿狀態，產生土壤壓縮變形的情形（林俊全，2004）。

　　台灣地狹人稠，常需要與海爭地，如果我們檢視九二一大地震後所造成的土壤液化區域，便可發現這些地區主要多是位於河川沖積區

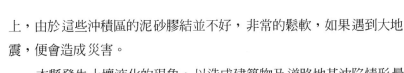

上，由於這些沖積區的泥砂膠結並不好，非常的鬆軟，如果遇到大地震，便會造成災害。

本縣發生土壤液化的現象，以造成建築物及道路地基沈陷情形最為嚴重，其中主要發生在員林地區（表十四），由於這些地區未來再度發生液化的機率仍很高，因此往後這些土壤液化區之開發案應經過地質鑽探，得知土壤現況後，方能配合建築工法克服。另一個值得注意的是，本縣彰濱工業區的海岸工程方面，常需要抽砂填海方能造陸，新生的土地如果沒有壓實，地震一搖晃，容易產生土壤液化的現象。

雖然土壤液化造成大災害的個案目前相對少見，然而九二一大地震所引發的土壤液化現象，就造成了本縣沿海地區伸港鄉及台中港等地區的重大損失，在內陸地區如本縣的員林、社頭、大村和南投縣貓羅溪、台中縣霧峰等地區，也都有土壤液化的災情發生，相關政府單位應該積極了解本縣地表下的地質特徵，制定相關的建築管制法規，並利用適當的建築工法加以處理，避免災害的損失。

表十四：彰化縣土壤液化地區

員林鎮							
中山	溝皂	民生*	東和	惠來*	大饒*	萬年	崙雅*
振興*	林厝	鎮興*	浮圳	南東	西東	東北	新生
大村鄉							
黃厝*				美港*			
社頭鄉							
仁雅		社頭		山湖*	清水		埤斗*

註：＊為液化嚴重地區。
資料來源：土壤液化評估與處理對策研擬第一期計畫，1999。

第二節 氣象災害

　　台灣地區導致氣象災害之因素計有颱風、異常降水（梅雨）、乾旱、寒潮、冰雹、龍捲風及焚風等。中央氣象局謝信良局長曾針對台灣地區近三十四年（民國五○年至民國八十三年）來所發生的氣象災害做調查分析。

　　報告中指出在此三十四年間，台灣地區因氣象因素（包括颱風、豪雨、寒潮、乾旱、突變強風、龍捲風、冰雹、海水倒灌等）導致農業、房屋、鐵路、水利、港埠、漁業、電力電信、公路及其他（包括工商、主要風景區及山坡地）等之災害損失（各項損失金額均已換算成一九九四年台灣地區消費者物價指數為標準的實質貨幣），平均每年為新台幣一五六億元；其中水利設施之損失占四十二‧二％為最多，農業損失占三十一‧九％次之，房屋損失九‧一％居第三。這些損失主要是由七至十月之颱風（約占七○％）及五、六月之豪雨（占二十六％）所造成，乾旱與寒潮所造成之損失則各約占二％。若以每五年為一階段，則以一九八六至一九九○年的五年間之災情最為嚴重，高達一二三○億元。近年來，由於天氣預報和颱風預（警）報的準確度已有顯著地提高；且社會大眾的防災準備及意識亦逐漸提升和落實，故因氣象災害所造成之人員傷亡與房屋損毀數目已有明顯減少的趨勢；但水利設施與農業等之損失卻反而有略見回升之傾向，尤其於最近的十五年內，此與台灣地區的土地開發及利用，作物栽培及經營、工程品質及成本，甚至和天然災害之頻傳或許有某種程度的關係（包括空間和時間），值得進一步做深入之探討。

一、本縣的氣象災害

　　颱風是威脅台灣地區最嚴重的自然災害。由於台灣位於颱風路徑的要衝，因此颱風所帶來的豪雨，常造成山洪爆發，沖毀河堤、農田等，並造成下游及低窪地區的積水，引發水災（表十五）。

表十五：彰化縣近年重大颱洪淹水事件調查表

民國	日期	原因	萬興（2）站降雨量（公釐）	主要淹水區域	備註
79年	8月19日 至 8月20日	楊希颱風 （中度） 西北	最大時雨量：49.0 最大日雨量：241.0 連續24小時最大降雨量：287.0 總降雨量：309.0	全縣各鄉鎮	河水溢堤 排水不良 海水倒灌
84年	6月8日 至 6月9日	荻安娜颱風 （輕度） 北北東	最大時雨量：78.0 最大日雨量：198.0 連續24小時最大降雨量：295.0 總降雨量：377.0	員林鎮、二林鎮 埔鹽鄉	河水溢堤 排水不良
85年	7月31日 至 8月1日	賀伯颱風 （強烈） 西北	最大時雨量：40.0 最大日雨量：203.0 連續24小時最大降雨量：271.0 總降雨量：315.0	大城鄉、芳苑鄉 線西鄉、伸港鄉	河水溢堤 排水不良 海水倒灌
87年	10月15日 至 10月16日	瑞伯颱風 （中度） 北		員林鎮、大城鄉	排水不良 海水倒灌

資料來源：經濟部水利署 http://www.wra.gov.tw/

（一）八七水災搶救及損失統計

　　民國四十八年八月七日下午，一個熱帶低氣壓通過台灣南部，南投縣烏溪、貓羅溪上游及台灣中南部各地普降豪雨，眾多溪水匯入大肚溪，八卦台地山洪暴發，衝破大竹排水溝、大埔圳（洋仔厝溪上游）等。再加上八月八日適為農曆七月初五八時，剛好是台灣海峽一年一度的大潮，海水倒流，使得大肚溪暴漲的山洪受阻，無法入海。當洪水以雷霆萬鈞之勢向彰化市襲擊時，三村里北邊的小村落首當其衝，一二○餘戶民房全被沖垮，全部村民不知下落；位於低窪處的民生等

八個里，洪水淹至二樓，彰化火車站水深一丈，高及屋簷，洪流在市區流竄。霎時間（約二十分鐘）全市頓成澤國。民族路一帶較低窪處，積水深達四公尺以上。洪水退後，彰化市災區污泥堆積如山，滿街垃圾，且有人畜屍體掩埋其中，未及發掘清理，臭氣沖天。故施行災區消毒之外，警察局特商請駐軍部隊指派兵工及卡車前來支援，搬運污泥、垃圾及屍體。

「八七水災」造成本縣十五萬人無家可歸，死亡失蹤八百多人，其中尋獲屍體者二三二人，房屋全倒一萬零五百棟、半倒九千棟，沖毀鐵路長十二公里、橋樑十六座，公路柔腸寸斷，農作物、牲畜損失不計其數。

彰化市自民國四十八年八月七日二十二時起至八月八日二十二時止，死亡人數三十四人，失蹤人數四十四人，重傷人數二十六人，災民一八六八戶，二二四六四人，房屋全倒一三六七戶，半倒一七九六戶，尚有無名屍九人未包括在內。

（二）「雪莉」颱風水災

民國四十九年七月三十一日台灣東部進入雪莉颱風半徑，時速十五公里，中心最大風速每秒五十五公尺，同日二十一時颱風中心在花蓮新城附近登陸，越過中央山脈後，經台中、苗栗地區，於八月一日三時自新竹北方進入台灣海峽，直趨大陸。當其橫越台灣時，暴雨與狂風俱作，八卦山山洪暴發，溪流氾濫，使大竹排水溝之洪水湧入彰化市區，大街小巷積水盈尺，各鄉鎮低窪處盡成澤國。

和美、伸港一帶積水深達一公尺以上，其中伸港、蠔寮、汴頭、泉州，曾家四村居民被水圍困，花壇、溪湖、二林，積水甚深。綜計本縣在十八小時風雨，八小時大水，其所成之災害，雖不及「八七」水災慘痛，然亦相當嚴重。受災損失統計：共死亡九人，失蹤四人，重傷八人，輕傷十人，災民五二九人，房屋全毀七八二棟，半毀九五二棟，路一五‧七二七公尺，橋樑二十四座，堤防受損八十一處，長

五‧五四公尺，沖毀六十三處，四‧七八公尺，水溝受損五十七處，三一四三公尺，不明屍體二十二具，農田流失二一二五‧五六公頃，堙沒三四○二‧三七公頃，農作物受損二一二九七‧四一公頃，電力損壞三條電源，供應中斷，全部停電，電信損壞三處。續查此次風災波及全省二十一縣市局，其中雲林、彰化、南投、臺中等縣損失最重，苗栗、宜蘭次之，其餘較輕。

（三）「楊希」颱風

　　民國七十九年八月楊希颱風侵襲台灣，帶來的豪雨加上農曆初一海水漲潮，造成各地一片汪洋，彰化地區災情頻傳，損失不貲，地區內各排水系統除埔鹽鄉排水已完成，能適時發揮功能外，其餘像花壇、石筍、大村及漁寮港等區域大排系統，仍在施工中，均無法宣洩山洪及豪雨，加上民眾將垃圾直接倒入溝渠，嚴重影響洩洪功能，導致各地嚴重淹水（經濟部水利署，2008）。

（四）「荻安娜」颱風

　　民國八十四年六月荻安娜颱風來襲，帶來大量豪雨，使本縣各地區都出現嚴重積水情形，不但住家進水，不少農田都遭淹沒，其中以員林及二林地區積水較為嚴重，埔鹽及二林各有一處堤防潰決，其中二林鎮由於布袋蓮堵塞排水而造成積水不退（經濟部水利署，2008）。

（五）「賀伯」颱風

　　民國八十五年八月的賀伯颱風來襲，助長狂潮肆虐，本縣大城、芳苑、線西、伸港等地，低窪處水深達二公尺，二千餘戶民宅泡在海水之中，從大城鄉至伸港鄉，南北長達三十四公里的海堤，在狂風暴雨及巨浪的摧殘下，有十處海堤崩潰，決堤嚴重者達五百公尺長，海水倒灌，淹沒一大片農田及房舍，更奪走了寶貴的人命，埔鹽、溪

湖、二林及芳苑等地區，觸目所及皆是汪洋一片，蔬菜生產專業區全部泡湯，損失慘重（經濟部水利署，2008）。

（六）「瑞伯」颱風

民國八十七年十月瑞伯颱風過境本縣，雖未帶來嚴重災情，但不少稻作遭大雨侵襲倒伏，市街招牌、競選廣告物及路樹也被吹得七零八落，彰化市福山街因電纜被強風吹落，造成當地約二百戶人家停電；鹿港彰鹿路十餘公里路程有上千枝競選旗幟遭吹落，鎮公所周圍的大榕樹被吹倒；溪湖地區數百公頃即將收成的水稻嚴重倒伏，大城及芳苑海水倒灌，田中淹水情形嚴重（經濟部水利署，2008）。

二、本縣地區的低溫災害

台灣是一個美麗且天氣、氣候多變的島嶼，隨著季節變化，在不同的地區常會出現一些特殊的天氣現象，其中尤以東北季風所造成的影響差異最大。例如我們耳熟能詳的「竹風蘭雨」就是用來描述台灣冬季氣候的常用語，意指新竹的風和蘭陽平原的雨，是台灣冬季相當具有代表性的氣候特徵。

在台灣當我們聊到「風」，除了新竹「風城」外，毫無疑問我們馬上會聯想到恆春的落山風。當東北季風越過中央山脈，高空乾冷的空氣會被帶往地面，因而形成強勁的下坡風，它的瞬間強度有時可以達到六、七級，甚至超過十級以上，相當於輕度颱風的威力，不僅造成農作物損傷，也會吹斷電線桿而造成斷電。

另外，蘭陽平原和基隆是台灣冬季最會下雨的地方。在冬季時，大陸冷高壓系統南下，原本乾冷的空氣在通過黃海和東海時，會吸收一些水汽，增加氣團本身的水汽含量，當受到地形阻擋，在迎風坡會產生上升運動，使得水汽冷卻凝結，產生連續下雨的現象，這就是所謂的地形雨。

至於本縣有什麼氣候特徵呢？

　　冬天的時候，當我們打開電視觀看氣象報導時，常可聽到氣象預報人員說：「由於強烈的大陸冷氣團籠罩，全台各地溫度都將明顯下降，明天清晨最低溫可能出現在淡水和嘉義地區，最低溫可能到達攝氏六度，提醒民眾要注意保暖，農漁養殖業者應防範寒害。」

　　彰化及嘉義地區雖然位在台灣的中南部，也不在東北季風的迎風面上，但受到通過台灣海峽的北來氣流挾帶冷空氣的作用，再加上位於東北季風的背風面，時常是晴朗無雲的好天氣，這使得夜間輻射冷卻效應在此地區更加明顯，地表熱量的流失速度也比其他地區來的快，就造成了彰嘉地區容易出現低溫的現象（涂建翊等，2003），造成養殖魚類的死亡。

主要參考文獻

山地農牧局（1984）：南投縣、彰化縣山坡地土壤調查報告，共170頁。

中央地質調查所（1999）：台灣地區地下水觀測網第一期計畫濁水溪沖積扇水文地質調查研究總報告，共130頁。

中興大學土壤調查試驗中心（1991）：彰化縣土壤調查報告，共115頁。

日本活動斷層研究會（1980）：日本的活動斷層-分布圖與資料，東京，東京大學出版會。

日本活動斷層研究會（1992）：日本的活動斷層圖，東京，東京大學出版會。

王鑫（1984）：台灣的地形景觀，渡假出版社，共250頁。

王鑫（1991）：地景，東部海岸國家風景區遊憩解說叢書1，共151頁。

台南水工試驗所（1991、1992）：彰化濱海工業區整體開發規劃調查研究，第1部分第1、3、4冊，第4部分。

台灣省水利局（1991）：彰化縣沿海地區地層下陷檢測計畫報告。

台灣省水利局（1996）：台灣西部暨宜蘭沿海地區地盤下陷檢測計畫期中檢討報告，行政院農業委員會支助一八十五年度，共12頁。

石再添（1980）：台灣西部海岸線的演變及海埔地的開發，台灣師大地理研究報告，第6期，1－36頁。

石再添、張瑞津（1978）：台灣區五市十六縣高度與坡度的分析，地理學研究，第2期，101－116頁。

石再添、張瑞津、張政亮、林雪美、連偵欽（1993）：台灣西部海岸沙丘之地形學研究，台灣師大地理研究報告，第19期，99－148頁。

石再添、楊貴三（1985）：八卦台地的活動斷層與地形面，台灣師大地理研究報告，第11期，173～186頁。

石再添、鄧國雄、黃朝恩、張瑞津（1976）：濁水溪流域的地形學計量研究，台灣文獻，第27卷，第4期，1－22頁。

江崇榮、黃智昭、賴慈華、陳利貞、周素卿（1995）：濁水溪沖積扇水文地質調查研究報告，中央地質調查所，共102頁。

江崇榮（1999）：台灣地區地下水觀測網第一期計畫—濁水溪沖積扇水文地質調查研究總報告，經濟部中央地質調查所，共130頁。

何春蓀（1982）：台灣地體構造的演變，經濟部，共110頁。

何春蓀（1986）：台灣地質概論，中央地質調查所，共163頁。

李長之、丁信修（1996）：雲彰古陸的地質探討，紀念顏滄波教授地質研討

會，159－166頁。

林宏亮（1997）：彰化地區地層下陷防治執行現況：經濟部水資源局八十五年度地下水觀測網暨地層下陷防治計畫成果發表會成果報告集，第299－306頁。

林孟龍、王鑫（2004）：台灣的河流，遠足文化公司，台北。

林俊全（2004）：台灣的天然災害，遠足文化公司，共189頁。

林朝棨（1957）：台灣地形，台灣省文獻委員會，共424頁。

昭和十年台灣震災誌，地震篇。

柯金源（2004）：福爾摩沙59台灣水資源脈絡，泛亞國際文化科技，台北。

省水利局（1990）：彰化縣區域排水現況排水系統調查報告。

孫林耀明（1988）：台灣西岸海埔地自然特性及開發利用之分析，中國文化大學地學研究所博士論文，共161頁。

孫習之（1774）：臺灣省濁水溪至彰化平原區域航照地質之研究，中國石油公司海域石油探勘處。

涂建翊、余嘉裕、周佳（2003）：台灣的氣候，遠足文化事業股份有限公司，共171頁。

張瑞津（1983）：濁水溪沖積扇河道變遷之探討，台灣師大地理學研究，第7期，85－100頁。

張瑞津（1985）：濁水溪平原的地勢分析與地形變遷，台灣師大地理學研究報告，第11期，199－228頁。

張瑞津、楊貴三（2001）：台灣中部活動斷層的分布與地形特徵，國立台灣師範大學地理研究報告，第35期，85－120頁。

張徽正、林啓文、陳勉銘、盧詩丁（1998）：台灣活動斷層概論，五十萬分之一台灣活動斷層分布圖說明書，經濟部中央地質調查所。

莊展鵬（1992）：鹿港：遠流出版社，共135頁。

陳培源（2006）：台灣地質，台灣省應用地質，第350期，12－19頁，台北。

陳尊賢，許正一（2002）：台灣的土壤，遠足文化公司，60－79頁。

陳福將、張徽正（1978）：台灣坡地社區工程地質調查與探勘報告，第4卷，第4集，彰化地區，中央地質調查所，共80頁。

黃文樹（2003）：八卦台地南部階地地形與土壤化育之研究，彰化師範大學地理系碩士論文，共141頁。

黃文樹、蔡衡、許正一（2006）：土壤化育指數在濁水溪流域階地對比之應用，地理學報，45：1－20。

楊貴三（2005）：活動構造地形判釋，台灣活動斷層與地震災害研討會論文

集，59－66 頁。

楊貴三（1986）：台灣活動斷層的地形學研究，中國文化大學地學研究所博士論文，共178 頁。

楊貴三、陳熙揚（1966）：彰化縣志稿，卷2，自然志，彰化縣文獻委員會。

楊萬全（1986）：濁水溪沿海平原地下水位下降與地盤下陷關係之研究，地理學研究，第10 期，37－66 頁。

楊萬全（1989）：濁水溪平原的水文地質研究，地理學研究，第13 期，57－92 頁。

彰化縣政府（1989）：彰化縣綜合發展計畫，彰化縣政府，共8 頁。

劉聰桂、陳文山（1999）：變臉的大地，龍騰文化公司，台北。

蔡衡、楊建夫（2004）：台灣的斷層與地震，遠足文化公司，共189 頁。

鄧屬予（2002a）：台灣新生代大地構造，二十世紀台灣地球科學之回顧，第一冊，1－57 頁，中國地質學會，台北。

鄧屬予（2002b）：板塊間看台灣地震，科技發展，1－57 頁，中國地質學會，台北。

賴慈華、江崇榮（1996）：濁水溪沖積扇之沈積環境研究，中央地質調查所，共31 頁。

謝㷛昌（1991）：彰化縣和美地區地下水資源之研究，台灣師大地理研究所碩士論文，共108 頁。

謝覺民、賀忠儒、石再添（1975）：台灣坡度分析圖集，台灣師大地理系。

Keller, E.A., Pinter, N., 2002. Active Tectonics: Earthquakes, uplift, and landscape (2nd ed.). Printice-Hall Inc., New Jersey.

Lin, C. C.（林朝棨，1969）：Holocene Geology of Taiwan, Acta Geologica Taiwanica, no. 13, pp.83-126.

經濟部水利署網頁（2008）：
http://www.wra.gov.tw/ct.asp?xItem=12608&ctNode=2421&comefrom=lp
Soil Survey and Classification 網站（2008）：
http://www.ac.ntu.edu.tw/soilsc/Soilsc/Taiwan.htm#Distribution

鍾令和、胡植慶、陳于高、李珀儂（2006）台灣島的生成與地質：
http://www.921emt.edu.tw/download/20060818/%B0%F27_%A5x%C6W%AEq%AA%BA%A5%CD%A6%A8%BBP%A6a%BD%E8_%B3%AF%A4_%B0%AA%C1%E9%A5O%A9M950717.pdf

彰化學叢書 011

好山好水──彰化自然地理

著者	楊 貴 三 、 范 舜 侑
審校	林 明 德
編輯	徐 惠 雅 、 陳 佑 哲
排版	黃 寶 慧
總策畫	林 明 德 、 康 原
總策畫單位	彰 化 學 叢 書 編 輯 委 員 會

發行人	陳 銘 民
發行所	晨星出版有限公司
	台中市 407 工業區 30 路 1 號
	TEL:(04)23595820　FAX:(04)23597123
	E-mail:morning@morningstar.com.tw
	http://www.morningstar.com.tw
	行政院新聞局局版台業字第 2500 號
法律顧問	甘 龍 強 律師
承製	知己圖書股份有限公司　TEL:(04)23581803
初版	西元 2008 年 12 月 30 日

總經銷	知己圖書股份有限公司
	郵政劃撥：15060393
	〈台北公司〉台北市 106 羅斯福路二段 95 號 4F 之 3
	TEL:(02)23672044　FAX:(02)23635741
	〈台中公司〉台中市 407 工業區 30 路 1 號
	TEL:(04)23595819　FAX:(04)23597123

定價250元
ISBN 978-986-177-232-5
Published by Morning Star Publishing Inc.
Printed in Taiwan

國家圖書館出版品預行編目資料

好山好水 ──彰化自然地理／楊貴三、范舜侑著.
── 初版. ── 臺中市：晨星，2008.12〔民97〕
面； 公分. ──（彰化學叢書；11）
參考書目：面

ISBN 978-986-177-232-5（平裝）

1.自然地理　2.彰化縣

733.9/121.3　　　　　　　　　97015675

◆ 讀 者 回 函 卡 ◆

以下資料或許太過繁瑣，但卻是我們瞭解您的唯一途徑
誠摯期待能與您在下一本書中相逢，讓我們一起從閱讀中尋找樂趣吧！

姓名：＿＿＿＿＿＿＿＿＿　　性別：□男　□女　　生日：　／　　／

教育程度：＿＿＿＿＿＿＿

職業：□學生　　　　□教師　　　　□內勤職員　　□家庭主婦
　　　□SOHO族　　□企業主管　　□服務業　　　□製造業
　　　□醫藥護理　　□軍警　　　　□資訊業　　　□銷售業務
　　　□其他＿＿＿＿＿＿＿＿＿

E-mail：＿＿＿＿＿＿＿＿＿＿＿＿　　聯絡電話：＿＿＿＿＿＿＿＿＿

聯絡地址：□□□＿＿＿＿＿＿＿＿＿＿＿＿＿＿＿＿＿＿＿＿＿＿

購買書名：好山好水──彰化自然地理＿＿＿＿＿＿＿＿＿＿＿＿＿＿＿

‧本書中最吸引您的是哪一篇文章或哪一段話呢？＿＿＿＿＿＿＿＿＿＿＿

‧誘使您購買此書的原因？

□於＿＿＿＿書店尋找新知時　□看＿＿＿＿報時瞄到　□受海報或文案吸引
□翻閱＿＿＿＿雜誌時　□親朋好友拍胸脯保證　□＿＿＿＿電台DJ熱情推薦
□其他編輯萬萬想不到的過程：＿＿＿＿＿＿＿＿＿＿＿＿＿＿＿＿＿

‧對於本書的評分？（請填代號：1. 很滿意 2. OK啦！ 3. 尚可 4. 需改進）

封面設計＿＿＿＿＿　版面編排＿＿＿＿＿　內容＿＿＿＿＿　文／譯筆＿＿＿＿＿

‧美好的事物、聲音或影像都很吸引人，但究竟是怎樣的書最能吸引您呢？

□價格殺紅眼的書　□內容符合需求　□贈品大碗又滿意　□我誓死效忠此作者
□晨星出版，必屬佳作！　□千里相逢，即是有緣　□其他原因，請務必告訴我們！
＿＿＿＿＿＿＿＿＿＿＿＿＿＿＿＿＿＿＿＿＿＿＿＿＿＿＿＿＿＿＿

‧您與眾不同的閱讀品味，也請務必與我們分享：

□哲學　　　□心理學　　□宗教　　　□自然生態　□流行趨勢　□醫療保健
□財經企管　□史地　　　□傳記　　　□文學　　　□散文　　　□原住民
□小說　　　□親子叢書　□休閒旅遊　□其他＿＿＿＿＿＿＿＿＿＿＿＿

以上問題想必耗去您不少心力，為免這份心血白費
請務必將此回函郵寄回本社，或傳真至（04）2359-7123，感謝！
若行有餘力，也請不吝賜教，好讓我們可以出版更多更好的書！

‧其他意見：

晨星出版有限公司 編輯群，感謝您！

請填妥後對折裝訂，直接投郵即可，免貼郵票。

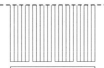

407
台中市工業區30路1號

晨星出版有限公司

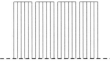

請沿虛線摺下裝訂，謝謝！

更方便的購書方式：

(1) 網站：http://www.morningstar.com.tw
(2) 郵政劃撥 帳號：15060393
　　　　　戶名：知己圖書股份有限公司
　　請於通信欄中註明欲購買之書名及數量
(3) 電話訂購：如為大量團購可直接撥客服專線洽詢

◎ 如需詳細書目可上網查詢或來電索取。
◎ 客服專線：04-23595819#230　傳眞：04-23597123
◎ 客戶信箱：service@morningstar.com.tw